COLLECTION MICHEL LÉVY
— **1 franc le volume** —
1 franc 25 centimes à l'étranger

A. DE LAMARTINE

TOUSSAINT

LOUVERTURE

PARIS

MICHEL LÉVY FRÈRES, LIBRAIRES-ÉDITEURS

RUE VIVIENNE, 2 BIS

1857

TOUSSAINT

LOUVERTURE

Représenté pour la première fois à Paris, sur le Théâtre de la Porte-Saint-Martin, le 6 avril 1850.

Les vers marqués d'un astérisque ont été supprimés à la représentation.

PARIS. — IMP. H. CARION, 64, RUE BONAPARTE

TOUSSAINT LOUVERTURE

Poëme dramatique

PAR

A. DE LAMARTINE

Nouvelle édition

PARIS
MICHEL LÉVY FRÈRES, LIBRAIRES-ÉDITEURS
RUE VIVIENNE, 2 BIS
—
1857

Représentation, reproduction et traduction réservées.

Ce drame, si toutefois ces vers méritent ce nom, n'était pas dans ma pensée, quand je l'écrivis, une œuvre littéraire; c'était une œuvre politique, ou plutôt, c'était un cri d'humanité en cinq actes et en vers.

Voici son origine:

Depuis 1834 les hommes politiques qui croient que les gouvernements doivent avoir une âme, et qu'ils ne se légitiment aux yeux de Dieu que par des actes de justice et de bienfaisance envers les peuples, s'étaient formés à Paris en société pour l'émancipation des noirs; j'y fus admis à mon retour d'Orient; je fus édifié des maximes de haute philanthropie et de religieuse charité qui retentirent dans cette réunion et qui se lurent dans ses publications; mais je fus effrayé du vague mal défini de ses tendances, et je craignis que ces appels éloquents, jetés, tous les mois, de l'Europe à la liberté des noirs, ne fussent pris par les colons pour une provocation à la spoliation de leur patrimoine, et ne fussent interprétés par les noirs en droit d'insurrection et de ravage dans nos colonies. Je fis part de ces craintes à la société, et je formulai un système pratique et équitable d'émancipation de l'esclavage à peu près semblable à celui que nous avons si heureusement appliqué en 1848.

Les colons, dis-je, sont autant nos frères que les noirs et de plus ils sont nos compatriotes. Ces Français de nos Antilles ne sont pas plus coupables de posséder des esclaves que la loi française n'est coupable d'avoir reconnu la triste légitimité de cette possession. C'est un malheur pour nos colons que ce patrimoine, ce n'est pas un crime; le crime est à la loi qui leur a transmis et qui leur garantit cette propriété humaine qui n'appartient qu'à Dieu. La liberté de la créature de Dieu est sans doute inaliénable; on ne prescrit pas contre le droit de possession de soi-même. En droit naturel, le noir enchaîné a toujours le droit de s'affranchir; en droit social, la société qui l'affranchit doit indemniser le colon. Elle le doit pour deux motifs d'abord parce que la société est juste, et secondement parce que la société est prudente.

Il n'y a point de justice à déposséder sans compensation des familles à qui vous avez conféré vous-même cette odieuse féodalité d'hommes. Il n'y a point de prudence à lancer les esclaves dans la liberté sans avoir pourvu à leur sort ; or, de quoi vivront-ils dans le travail libre, si les colons qui possèdent les terres n'ont aucun salaire à donner à leurs anciens travailleurs affranchis ? Et s'il n'y a dans les colonies ni capital, ni salaire, vous condamnez donc les blancs et les noirs à s'entre-dévorer ? Il faut absolument, ajoutai-je, que vos appels à l'abolition de l'esclavage des noirs soient combinés avec la reconnaissance d'une indemnité due aux colons ; il faut que les deux mesures soient simultanées pour être vraiment humaines ; il faut vous présenter aux colonies la liberté dans une main, l'indemnité dans l'autre ; et que vous ménagiez la transition de l'esclavage au travail libre, de manière à ce que ce bienfait pour les uns ne soit pas une ruine et une catastrophe pour les autres ; il ne faut pas qu'une goutte de sang tache par votre faute cette grande réhabilitation de l'humanité.

Ces idées et ces mesures furent adoptées par l'immense majorité des partisans de l'abolition de l'esclavage. L'Angleterre, qui sait si bien introduire le principe moral dans ses actes administratifs, sollicitée depuis quarante ans par la voix sainte et obstinée de *Wilberforce*, venait de nous devancer. Elle avait fait pour ses colonies à esclaves ce que je demandais pour les nôtres ; elle avait donné généreusement à ses colons une indemnité de *cinq cents millions*, prix d'une vente rachetée dans les lois.

Nous ne cessâmes pas pendant plusieurs années de provoquer la France à imiter ce noble exemple de l'Angleterre ; la tribune retentissait de nos discours (je donne ici quelques-uns des miens pour faire comprendre la question). On nous répondait par des applaudissements qui ne coûtent rien et par des ajournements qui promettent tout sans rien tenir ; nous marchions ainsi les yeux bandés vers un cataclysme des colonies ; car si l'émancipation, au lieu de s'accomplir sous la main prudente, forte et pleine d'or d'un gouvernement, venait à s'accomplir par l'insurrection, par la propagande anglaise, ou par une révolution irréfléchie en France, l'émancipation pouvait couvrir de ruines, de sang et de deuil nos malheureuses colonies.

Il s'en fallut peu que ces déplorables prévisions ne fussent réalisées par l'imprévoyance obstinée du gouvernement de Juillet et par la temporisation égoïste des assemblées.

La révolution de Février éclata ; j'eus alors le bonheur bien rare pour un homme d'État improvisé par un peuple, d'avoir été à la fois l'orateur philosophe et l'exécuteur politique d'un des actes les plus saints et les plus mémorables d'une nation et d'une époque, d'un de ces actes qui font date dans l'histoire d'une race humaine.

Trois jours après la révolution de Février, je signai la liberté des noirs, l'abolition de l'esclavage et la promesse d'indemnité aux colons.

Ma vie n'eût-elle eu que cette heure, je ne regretterais pas d'avoir vécu.

Depuis, l'Assemblée constituante ratifia cette mesure ; on nous présageait des crimes et des ruines ; Dieu trompa ces présages, tout s'est accompli sans catastrophe... Le noir est libre, le colon est indemnisé, le concours s'établit, le travail reprend. La sueur volontaire des travailleurs libres est plus féconde que le sang de l'insurrection.

Mais remontons à 1840. A cette époque, toujours fidèle à la cause de l'émancipation, toujours à la tribune, toujours applaudi, mais toujours vaincu dans la Chambre des députés, je résolus de m'adresser à un autre auditoire, et de populariser cette cause de l'abolition de l'esclavage dans le cœur des peuples plus impressionnable et plus sensible que le cœur des hommes d'État. J'écrivis en quelques semaines de loisir à la campagne, non la tragédie, non le drame, mais le poëme dramatique et populaire de *Toussaint Louverture*. Je ne destinais nullement cette faible ébauche au Théâtre-Français, je la destinais à un théâtre mélodramatique du boulevard. Je l'avais conçue pour les yeux des masses plutôt que pour l'oreille des classes d'élite au goût raffiné. C'est ce qui explique la nature des imperfections de cet ouvrage. C'est une pièce d'optique à laquelle il faut la lueur du soleil, de la lune et du canon.

Diverses circonstances et diverses questions plus urgentes de politique me firent perdre de vue cette composition ébauchée. Aussitôt après l'avoir écrite, les luttes parlementaires contre la coalition, qui préludait à la révolution sans s'en douter, m'occupèrent deux ans. Je voulais une marche progressive en avant, mais je voulais cette marche en ordre. Je voyais avec peine une fronde et une ligue de mécontentements de cour et d'ambitions de ministères se former sous cinq ou six drapeaux opposés, et se réunir sans sincérité et sans prévoyance pour assaillir la monarchie par la main des hommes qui l'avaient fondée. Je ne servais pas cette monarchie de Juillet, je m'en tenais sévèrement isolé ; je ne voulais rien lui devoir ; mais elle était le gouvernement constitué du pays ; je répugnais à ces frondes et à ces ligues qui se jouaient à la fois de la royauté et de la nation, et qui portaient dans leur sein des tempêtes qu'elles seraient incapables de maîtriser après

VIII

les avoir déchaînées. Ces luttes parlementaires contre la coalition m'absorbèrent tout entier de 1839 à 1842. Je parlai et j'écrivis sans cesse pour dire à la Chambre : On vous joue ; et pour dire au pays : On vous perd.

Dans un voyage que je fis à cette époque aux Pyrénées, je perdis une partie de mes papiers. *Toussaint Louverture* était du nombre de ces manuscrits égarés ; j'en eus peu de regret, et je n'y pensai plus. Quelques années après, mon caviste le retrouva dans ma cave servant de bourre à un panier de vin de Jurançon (le lait d'Henri IV), dont on m'avait fait présent à Pau. Je ne le relus pas et je le jetai dans l'immense rebut de mes vers : il aurait dû y rester toujours.

Mais, après la république, un libraire intelligent et inventif (M. Michel Lévy) voulut bien m'offrir d'acquérir un volume de drame enfoui dans mes portefeuilles ; j'acceptai avec reconnaissance ses conditions. Cette profession d'éditeur, qui met le commerce de moitié avec les idées, élargit le cœur et élève l'âme des libraires de Paris. J'ai trouvé toute ma vie en eux des hommes d'élite très supérieurs à ce métier de vendre et d'acheter, qui rétrécit et qui endurcit quelquefois les trafics d'argent. Les éditeurs et les libraires sont la noblesse élégante, libérale et prodigue du commerce. Ils ont été la Providence de mes mauvais jours. Les noms de *Gosselin*, de *Ladvocat*, de *Didot*, d'*Urbain Canel*, de *Furne*, de *Michel Lévy*, de *Coquebert*, véritable artiste qui mettait son âme dans ses affaires, resteront toujours dans ma mémoire comme des noms qui me rappellent plus de procédés que de contrats, plus d'amitié que de commerce. Les professions deviennent des dignités quand elles sont exercées avec tant de probité et tant de cordialité.

M. Michel Lévy avait le droit de faire représenter mon drame ; je regrettai qu'il en fît usage, mais je devais subir cet inconvénient de la publicité, et il était immense pour moi à une époque où la faveur publique m'avait abandonné et où l'obscurité était à la fois pour moi un repos et un asile. Il vient de faire représenter mon poëme sur le théâtre de la Porte-Saint-Martin. Un grand acteur a voilé sous la splendeur de son génie les imperfections de l'œuvre. Le public n'a vu que *Frédérick Lemaitre* ; l'auteur a heureusement disparu derrière l'acteur.

Le drame a été oublié ; le grand comédien a été applaudi, il a grandi, et j'ai été sauvé d'une chute que j'avais méritée et acceptée d'avance. Tout est bien.

Maintenant que M. Michel Lévy publie le livre, il faut que je donne au lecteur le portrait réel et historique du héros des noirs. Je le prends dans les notes méditées du général *Ramel*, qu'un de mes collègues, représentant du peuple, possesseur de ces intéressants mémoires, veut bien me communiquer.

« Toussaint, » dit le général *Ramel*, qui dessine ce portrait de Saint-Domingue et d'après nature, « Toussaint est âgé de cinquante-cinq ans. Sa taille
« est ordinaire, son physique rebutant ; il est laid même dans l'espèce noire ;
« Il naquit aux Jouaives sur l'habitation d'*Indéri*, fut d'abord cocher, pui-
« satier, et finit par être gérant de M. d'Héricourt. Il monte bien à cheval
« et lestement. La nature l'a doué d'un grand discernement ; il n'est pas
« très communicatif. Brave, intrépide et prompt à se décider quand il le
« faut ; tous les ordres qu'il donne il les écrit de sa main ; il n'est permis à
« aucun aide de camp ou secrétaire de décacheter ou lire les lettres et mé-
« moires qu'on lui adresse ; lui seul les ouvre et les lit avec beaucoup d'at-
« tention. Il ne fait pas attendre sa réponse, et ne revient jamais sur ses
« ordres ou sur ses décisions. De tout temps très attaché à la doctrine de la
« religion chrétienne, il hait ceux qui négligent de la professer. Frugal,
« sobre jusqu'à l'excès : du manioc, quelques salaisons et de l'eau, voilà sa
« nourriture et sa boisson. Il croit fermement qu'il est l'homme annoncé
« par l'abbé Raynal, qui doit surgir un jour pour briser les fers des noirs.
« Bon époux, père tendre, on ne peut qu'admirer l'attachement et le res-
« pect qu'il porte à son parrain qui reste au haut du Cap ; il ne vient jamais
« dans cette ville qu'il ne s'arrête chez lui en arrivant. Ce parrain est très
« mal logé, et n'a jamais voulu changer de demeure sous le règne de Tous-
« saint. C'était un homme très important, et qui a rendu de grands servi-
« ces. On l'a noyé depuis ; quelle en a été la raison ? je n'en sais rien.
« Toussaint fut d'abord l'ennemi du désordre et du brigandage. C'est par
« cette raison que, dès le commencement des troubles, il s'était retiré chez
« les Espagnols ; il fit avec eux la guerre à ses compatriotes, il s'y était
« même distingué. On ignore par quels moyens le général Lavaux le ramena
« dans le parti français. Il vint prendre rang dans l'armée française de
« Saint-Domingue ; il fut bientôt promu au grade de général de brigade,
« puis de division et de gouverneur. On dit que l'appétit vient en man-
« geant, il faut croire qu'il en est ainsi de l'ambition. Toussaint rendit de
« grands services au général Lavaux, et on lui doit l'expulsion des Anglais
« de la colonie.

« Un homme de couleur, le général Dumas, avait pu obtenir en Europe
« le commandement en chef d'une armée française ; Toussaint trouva donc
« tout juste et tout naturel de commander au moins à ses compatriotes qui

a.

« le désiraient, le demandaient pour chef, et ne l'ont que trop bien secondé.
« Voilà le but où tendaient tous ses vœux et tous ses travaux. Bientôt il
« sentit qu'il fallait reconstruire ce qu'il avait détruit; il s'en occupe avec
« beaucoup de ténacité, et tous les hommes lui sont bons, quelles que soient
« leur couleur et leur opinion.

« Malheur à qui oserait le tromper, il abhorre les menteurs. On lui en
« impose difficilement; il est méfiant à l'excès, et pardonne rarement à ceux
« de sa couleur, dont il connaît bien le génie inquiet.

« Chaque année il envoie à son ancien maître, réfugié aux États-Unis,
« le produit de son habitation et beaucoup au-delà..... Je pourrais encore
« ajouter bien des choses. Je crois suffisant ce que je viens de dire.

« Ce ne sera pas une histoire dénuée d'intérêt que celle de Toussaint, si
« elle paraît jamais, et surtout si elle est écrite avec impartialité, et s'il est
« permis de tout dire.

« Lorsque Toussaint fut forcé de se soumettre, et qu'il eut obtenu que
« tout serait oublié, il vint au Cap; il osa y entrer précédé de trompettes,
« trente guides en avant et autant en arrière; il fut hué, insulté même par
« les habitants; il était accompagné du général Hardi, vers lequel il se
« tourna, et il lui dit froidement: *Voilà ce que sont les hommes partout;*
« *je les ai vus à mes genoux, ces hommes qui m'injurient; mais ils ne tarde-*
« *ront pas à me regretter.* Il ne s'est pas trompé. Le général Leclerc le pré-
« vint; on dit qu'il conspirait; il fut arrêté et envoyé en France.

« Christophe est né dans l'île anglaise qui porte ce nom; il est âgé de
« quarante ans. Il fut amené très jeune à Saint-Domingue par un Anglais;
« il y est resté longtemps domestique d'auberge; tel était encore son état,
« lorsque la révolution éclata dans la colonie; il a pris une grande part dans
« les troubles de cette île. C'est Toussaint qui l'a fait général de brigade,
« aussi lui est-il très attaché. Christophe est très bien fait de sa personne.
« On ne saurait imaginer à quel point cet homme a l'usage du monde; doué
« des formes les plus séduisantes, il s'explique avec beaucoup de clarté et
« parle bien le français. Quoique très sobre, il aime néanmoins l'ostenta-
« tion; il est très instruit, vain jusqu'au ridicule, enthousiaste de la liberté.
« Combien de fois ne m'a-t-il pas dit que si jamais on osait parler de re-
« mettre sa couleur en esclavage, *il incendierait jusqu'au sol de Saint-Domin-*
« *gue!* Il avait pour le général Debel une antipathie insurmontable. D'où
« provenait-elle? je le sais bien; mais il ne faut pas que tout soit connu.

« Christophe n'est pas cruel; je suis sûr qu'il se fait violence quand il
« use de mesures de rigueur. Il commanda le Cap après la mort de Moïse,

« et il s'y était fait généralement aimer de toutes les couleurs. Aujourd'hui,
« c'est un ennemi irréconciliable très dangereux, et qui jouera un grand
« rôle par ses talents militaires.

« Dessalines est un noir du *Congo*; il est âgé de quarante-cinq ans ; sa phy-
« sionomie est dure ; lorsqu'il entre en fureur le sang lui sort par les yeux
« et par la bouche. C'est l'Omar de Toussaint, il le regarde comme un dieu,
« et dans le culte qu'il rend à son idole il entre autant de politique que
« d'attachement. De quelle bienveillance ne l'a pas comblé le général Le-
« clerc ! Telle était sa faveur auprès de lui qu'on pouvait dire :

Les vainqueurs sont jaloux du bonheur des vaincus.

« Dessalines est la terreur des noirs.

« Une émeute avait-elle éclaté, c'était lui que Toussaint envoyait, non pour
« apaiser mais pour châtier ; à son approche tout tremblait, il n'y avait au-
« cune grâce à espérer. Dessalines est brave, mais n'a aucune instruction ;
« il est général en chef..... Qui a pu décider sa défection ? Il ne faut pas en
« douter : l'arrestation de Toussaint. Cependant je ne puis croire qu'il puisse
« longtemps se conserver dans sa place avec si peu de moyens. Pour gou-
« verner il faut plus que du courage et des moyens violents. *Violentum nihil*
« *durabile.*

« Maurepas est âgé de quarante ans, il est né à Saint-Domingue, et y a
« été assez bien élevé ; il parle avec beaucoup de grâce et de précision. Bien
« fait de sa personne, gentil, même coquet, splendide en tout, d'une bra-
« voure éprouvée et possédant l'art militaire au dernier point. Il lit beau-
« coup et a une bibliothèque choisie. Il aime la nation française autant qu'il
« déteste les Anglais. Il n'a jamais voulu séparer son sort de celui de Tous-
« saint ; aussi nous a-t-il fait plus de mal à lui seul que tous les généraux
« de Toussaint. Lorsqu'il se soumit on lui conserva le commandement du
« port de Paix ; j'ai servi sous ses ordres. Il avait dans cette ville une maison
« qui aurait été belle à Paris. Rien n'avait été oublié pour l'embellir et la
« décorer. Elle devait avoir coûté des sommes immenses. J'ai constamment
« mangé à sa table. Dans les commencements, je ne revenais pas de mon
« étonnement de lui voir cette aisance à faire les honneurs de chez lui.
« Lorsque Toussaint eut été arrêté pour être conduit en France, que Chris-
« tophe, Clervaux, Pétion et Dessalines furent se réunir aux bandes du chef
« Sylla, qui le premier avait levé l'étendard de la révolte, que l'insurrection
« des noirs fut devenue générale, je dus me tenir en réserve et presque en
« défense contre Maurepas. Il s'en aperçut et me parut très peiné de ma

« méfiance ; il s'en expliqua avec franchise ; il me dit que son parti était pris,
« qu'il ne se séparerait pas une seconde fois de la France, quel que pût être
« le sort qui lui était réservé ; que si je voulais il m'allait remettre le com-
« mandement, et que je n'avais qu'à en écrire au général Leclerc et lui de-
« mander pour lui, Maurepas, de passer en France. Quoique content de
« cette explication, j'écrivis au capitaine général. Je ne reçus d'autre réponse
« que celle d'ordonner à Maurepas de se rendre au Cap pour y recevoir
« une destination ultérieure. Je lui communiquai cet ordre ; il ne balança
« pas à s'embarquer avec toute sa famille, et partit pour le Cap. J'appris
« quarante-huit heures après qu'en entrant en rade, lui, sa femme, ses en-
« fants en bas âge avaient été jetés à la mer. Il n'avait demandé d'autre
« grâce que celle de n'avoir pas les mains liées derrière le dos. Jamais
« nouvelle ne m'a plus contristé ; j'en fus tout absorbé. Je me rappelais,
« qu'accompagnant Maurepas sur le port, et au moment de nous séparer,
« il m'avait dit en m'embrassant : « Vous ne me verrez plus, ils veulent
« me tuer ; le général Debel est mon ennemi. » Que ne lui dis-je pas pour
« le rassurer ! Je lui donnai ma parole d'honneur qu'il n'avait rien à crain-
« dre. Le général Leclerc fut trompé, tout le prouve. Dans la supposition
« où le capitaine général aurait pris le parti de se débarrasser de tous les
« chefs noirs qui resteraient en son pouvoir, Laplumeret, Sablinet, qui vi-
« vent encore, auraient dû subir le même sort. La mort de Maurepas est
« l'effet d'une vengeance particulière dont j'ai bien ressenti ma part. Je ne
« fais, assurément, aucun cas de l'estime de Christophe et de Pétion ; cepen-
« dant j'ai été peiné d'avoir été soupçonné par eux d'avoir livré Maurepas,
« dont, je le répète, je n'ai jamais reçu que de bons offices, et sur lequel,
« j'ose le dire, le capitaine général pouvait compter. Ce supplice ne pro-
« duisit qu'un mauvais effet ; il décida l'entière défection des noirs, nous
« aliéna les indifférents, et une guerre à mort entre les deux couleurs fut
« dès ce moment déclarée. Quels hommes a-t-on noyés à Saint-Domingue?
« des noirs faits prisonniers sur le champ de bataille? non ; des conspira-
« teurs ? encore moins ! On ne jugeait personne ; sur un simple soupçon, un
« rapport, une parole équivoque, deux cents, quatre cents, huit cents, jus-
« qu'à quinze cents noirs étaient jetés à la mer. J'ai vu de ces exemples, et
« j'en ai gémi. J'ai vu trois mulâtres frères subir le même sort. Le 28 fri-
« maire ils se battaient dans nos rangs, deux y furent blessés ; le 29 on les
« jeta à la mer, au grand étonnement de l'armée et des habitants. Ils étaient
« riches, et avaient une belle maison qui fut occupée deux jours après leur
« mort par le général. »

On sait comment l'infortuné Toussaint Louverture, arraché de sa patrie, fut amené en France et n'y trouva que l'hospitalité d'une prison d'État, au lieu de l'asile et des honneurs qu'on lui avait fait espérer. Cet homme, tout ébloui encore de l'importance qu'il avait acquise, tout superbe encore de l'autorité souveraine qu'il venait d'exercer, tout enivré des espérances de gloire et d'immortalité qui rayonnaient depuis sept ans autour de son front, fut enfermé par Bonaparte dans un cachot du fort de Joux, dans les plus âpres montagnes du Jura, sans soleil, sans famille, sans peuple; il y languit quelques années et y mourut du froid du corps et du froid de l'âme. Ce ne fut que quarante-huit ans après ce martyre que le mot de liberté des noirs put enfin retentir sur son tombeau. Ses fils, héritiers de ce grand nom et rendus dignes de le porter par l'éducation qu'il leur avait donnée, le cachèrent, dit-on, longtemps dans l'obscurité en France, et se montrèrent au niveau de leur malheur et de la gloire de leur père. L'histoire et la France doivent réparation tardive de ces ostracismes du héros des noirs.

Tel est le fond réel du drame de Toussaint Louverture; les accessoires n'ont que la réalité de l'imagination. Quand je l'écrivis, de mémoire, j'étais sans livres et sans documents, à la campagne, et je n'avais sous la main ni les faits, ni les couleurs propres à donner une valeur historique à ce tableau.

Je ne me dissimule aucune de ses nombreuses imperfections; ce n'était dans mon intention qu'un discours en vers et en action en faveur de l'abolition de l'esclavage. L'esclavage est à jamais aboli; aujourd'hui, qu'on me pardonne le drame en faveur de l'acte. Si mon nom est associé dans l'avenir de la race noire aux noms de Wilberforce et des abolitionnistes français, ce ne sera pas pour ce poëme, ce sera pour le 27 février 1848, où ma main signa l'émancipation de l'esclavage au nom de la France!

Les artistes de la scène sur laquelle ce drame a été représenté méritent plus que moi la reconnaissance des compatriotes de Toussaint. Ils ont encadré mes faibles vers dans tout le luxe d'art qui pouvait suppléer l'insuffisance du tableau. Les vers sont à moi; le drame est véritablement à eux. Bien que je ne doive pas rédiciver, je l'espère, et que je ne sois qu'un auteur dramatique d'une soirée, il convient que je fasse comme mes confrères en poésie, et que je dise après le rideau baissé ce que j'ai éprouvé aux premières représentations, caché au fond d'une seconde loge, en voyant marcher, parler et agir sur la scène, ces vers personnifiés dans des hommes, dans des femmes, dans des enfants, dans des jeunes filles qui semblaient m'être renvoyés des régions de l'imagination comme les fantômes incarnés de mes conceptions.

Le public leur a payé en applaudissements ce que je leur dois en reconnaissance. Frédérick Lemaître a été le Talma des noirs, un Talma des tropiques, aussi grand dessinateur, d'un caractère plus sauvage, plus ému, plus explosible que le Talma de Tacite, que nous avons vu chez nous se poser, marcher, penser et parler comme la statue vivante de l'histoire classique. C'est bien de Frédérick Lemaître que le public a pu dire ce que les Français disaient de Toussaint :

> Cet homme est une nation.

Une jeune fille, sœur de mademoiselle Rachel, dont le nom impose la responsabilité du don théâtral, a bien porté, quoique si enfant, ce nom de famille si écrasant pour la scène. Mademoiselle Lia Félix a eu le souffle du tropique dans la poitrine, le cri de la liberté dans la voix, la fibre de l'amour filial dans le cœur ; il ne lui manque que des années pour avoir en émotion ce que sa sœur a en génie. Jemma a déguisé sous son talent la nullité d'un rôle ingrat, et les lacunes d'un mauvais acte qui remplit la scène sans la passionner. Tous les autres personnages ont concouru à l'œuvre avec zèle et désintéressement d'amour-propre, dans la proportion de leurs trop faibles rôles. Un compositeur intelligent et sensible a associé la musique aux vers, il a trouvé des notes qui préludaient merveilleusement aux émotions que j'aurais voulu produire ; enfin, le théâtre a véritablement protégé l'écrivain. Mon seul mérite est de l'avouer. Je dois au théâtre de la Porte-Saint-Martin de la reconnaissance, le public lui doit de l'estime ; les spectateurs et les lecteurs ne me doivent à moi que le pardon.

Paris, 15 avril 1850.

TOUSSAINT LOUVERTURE

PERSONNAGES. ACTEURS.

TOUSSAINT LOUVERTURE.	M. Frédérick Lemaitre.
LE PÈRE ANTOINE.	M. Marius.
SALVADOR.	M. Jemma.
ALBERT (17 ans), } fils de Toussaint.	M. Munié.
ISAAC (14 ans),	Mlle Volnais.
LE GÉNÉRAL MOISE, neveu de Toussaint.	M. R. Drouville.
LE GÉNÉRAL LECLERC.	M. Deloris.
LE GÉNÉRAL ROCHAMBEAU.	M. Rey.
LE GÉNÉRAL PÉTION.	M. Dévéria.
LE GÉNÉRAL FERRANT.	M. A. Albert.
LE GÉNÉRAL BOUDET.	M. Vannoy.
LE GÉNÉRAL FRESSINET.	M. Mercier.
MAZULIME.	M. Mulin.
SAMUEL, instituteur des noirs.	M. Linville.
SERBELLI, frère de Salvador.	M. Fleuret.
DESSALINES.	M. Lansoy.
UN MATELOT.	M. Dubois.
UN NOIR.	M. Coti.
UN AIDE DE CAMP.	M. Alexandre.
UN OFFICIER.	M. Néraut.
UN SOLDAT.	M. Potonnier.
UN AUTRE SOLDAT.	M. Bruno.
ADRIENNE, nièce de Toussaint (16 ans).	Mlle Lia Félix.
MADAME LECLERC (Pauline Bonaparte).	Mlle Dharville.
LUCIE.	Mlle Munié.
NINA.	Mlle Ramelli.
ANNAH.	Mme Devaux.

La scène est à Haïti.

ACTE PREMIER.

PERSONNAGES.

MOISE.
PÉTION.
MAZULIME.
SAMUEL.
ADRIENNE.
LUCIE.
ANNAH.
NINA.
NÈGRES, NÉGRESSES, MULATRES, MULATRESSES, MATELOTS, SOLDATS, ARTILLEURS, AIDES DE CAMP.

ACTE PREMIER.

Aux Gonaïves, près du Port-au-Prince. On voit une habitation en ruine sur les flancs élevés d'un morne qui domine une rade. Non loin de là un camp de nègres insurgés. Des ordonnances vont et viennent. Une petite lumière brille seule à travers la fenêtre haute d'une tour où travaille Toussaint Louverture. La mer, éclairée par la lune, se déroule à l'horizon. Il est presque nuit.

SCÈNE PREMIÈRE.

ADRIENNE, LUCIE, SAMUEL, ANNAH, NINA, BLANCS,
MULATRES, NÈGRES, NÉGRESSES.

A droite, aux sons du fifre, du tambourin et des castagnettes espagnoles, de jeunes négresses et de jeunes mulâtresses groupées çà et là sur la scène sont occupées à effeuiller et à rompre des cannes à sucre.

A gauche, Samuel, instituteur des noirs, assis sur les marches d'une fontaine, entouré d'un groupe d'enfants mulâtres, blancs, noirs, de douze à quinze ans, leur fait épeler à voix basse un livre sur ses genoux, du bout de son doigt. Les enfants paraissent charmés et attentifs.

ANNAH, s'approchant de Samuel.

Pourquoi donc, Samuel, au milieu de nos fêtes,
De ces pauvres enfants courbant ainsi les têtes,

De la lèvre et du doigt leur épeler tout bas
Ces grimoires de mots qu'ils ne comprennent pas?
De quels savants ennuis charges-tu leur mémoire?
Que leur enseignes-tu?

SAMUEL.

La Marseillaise noire!

ANNAH.

La Marseillaise blanche a guidé les Français
Aux combats; mais les noirs, grâce à Dieu, sont en paix!

SAMUEL.

Aussi du chant sacré le noir changea la corde,
Leur chant était : Victoire! et le nôtre est : Concorde!
Il jette au cœur des noirs l'hymne d'humanité,
Et des frissons d'amour et de fraternité.
Le sang a-t-il donc seul une voix sur la terre?
Écoute! et vous, enfants, retenez!

A Annah, en lui montrant ses compagnes qui causent et chantent à demi voix.

Fais-les taire!

Il récite les trois couplets et fait chanter le refrain aux enfants. Les jeunes filles y mêlent leurs voix peu à peu.

LA MARSEILLAISE NOIRE.

I.

Enfants des noirs, proscrits du monde,

Pauvre chair changée en troupeau,

Qui de vous-mêmes, race immonde,

Portez le deuil sur votre peau !

Relevez du sol votre tête,

Osez retrouver en tout lieu

Des femmes, des enfants, un Dieu :

Le nom d'homme est votre conquête !

REFRAIN.

Offrons à la concorde, offrons les maux soufferts,

Ouvrons (ouvrons) aux blancs amis nos bras libres de fers.

II.

Un cri, de l'Europe au tropique,

Dont deux mondes sont les échos,

A fait au nom de République

Là des hommes, là des héros.
L'esclave enfin dans sa mémoire
Épelle un mot libérateur,
Le tyran devient rédempteur :
Enfants, Dieu seul a la victoire !

Offrons à la concorde, offrons les maux soufferts,
Ouvrons (ouvrons) aux blancs amis nos bras libres de fers.

III.

La Liberté partout est belle,
Conquise par des droits vainqueurs,
Mais le sang qui coule pour elle
Tache les sillons et les cœurs.
La France à nos droits légitimes
Prête ses propres pavillons ;
Nous n'aurons pas dans nos sillons
A cacher les os des victimes !

Offrons à la concorde, offrons les maux soufferts,
Ouvrons (tendons) aux blancs amis nos bras libres de fers.

ACTE I, SCÈNE I.

SAMUEL, aux enfants.

Bien! mais ce chant, amis, que l'univers répète
N'est pas pour notre oreille un vain jeu de poëte,
Ni sur un instrument le caprice des doigts!
Il ne se chante pas seulement de la voix :
Il se chante au travail avec la noble peine
Qui sur le sol fertile entrecoupe l'haleine!
Il se chante à l'église avec l'hymne immortel
Que le divin pardon fait monter de l'autel!
Il se chante au rivage en déployant la rame,
Des pieds, des mains, du geste et du cœur et de l'âme,
Sous le ciel, sur la mer, à l'exercice, aux champs,
Partout où l'homme en paix s'encourage à ses chants,
Et si l'ennemi rêve une terre usurpée,
Alors, enfants, cet air se chante avec l'épée,
Le sabre, le tambour, le fusil, le clairon;
L'hymne devient tonnerre et couvre le canon!

Hourra des enfants.

ANNAH.

Te souviens-tu, Nina, de la maîtresse blanche,
Quand l'injure à la bouche et le poing sur la hanche,

Et nous faisant trembler avec sa grosse voix
Elle disait, brisant l'éventail sur nos doigts :
« Des verges! Punissez cette indolente esclave
« Qui me laisse brûler par ce souffle de lave!
« Frappez-la, marquez-la d'un fouet sifflant et prompt,
« Jusqu'à ce que le vent soit glacé sur mon front! »

CHOEUR DE NÉGRESSES.

Elles chantent ironiquement.

Ah! bah! bah! maintenant éventez-vous, madame,
Du vent de vos soupirs sur nos mers emporté!
Les bras de nos guerriers ont déchaîné notre âme.
Gloire à Toussaint! Vive la liberté!

CHOEUR DE SOLDATS, dans le lointain.

Vive la liberté!

LUCIE à Adrienne, à l'écart.

Ainsi seule et rêveuse, et les yeux pleins de larmes,
Adrienne, nos jeux pour toi n'ont aucuns charmes?
Quand mon pas inquiet m'entraîne sur tes pas,
Je te trouve toujours où la foule n'est pas;
Ta langueur cependant n'a point encor de causes,

Tes yeux n'ont vu fleurir que treize fois les roses;
D'Haïti délivré le héros triomphant
T'élève et te chérit comme un troisième enfant,
Un enfant plus fidèle et que sa politique
Ne fit point en naissant fils de la République.
Quand ses fils sont partis pour un brillant exil,
Si tu n'es pas sa joie, où la trouvera-t-il?

ADRIENNE, distraite.

Vois-tu comme au-delà du cap sonore et sombre
La mer immense et creuse étincelle dans l'ombre?
Comme de son sommet chaque flot écumant
Sur lui-même à son tour croule éternellement.
Le soleil sur les flots, lumineuse avenue,
Appelle mes pensers vers la terre inconnue
Où de nos premiers ans la précoce amitié
Semble avoir de mon cœur jeté l'autre moitié!

NINA, les interrompant et s'adressant à ses compagnes.

Quand le sommeil, rebelle à la blanche maîtresse,
S'écartait de ce lit où veillait sa négresse

Et qu'un moustique, à l'œil échappant par hasard,
Dans sa peau délicate avait plongé son dard :
« Des verges ! criait-elle, à l'esclave endormie
« Qui me laisse piquer par la mouche ennemie.
« Vengez-moi ! Frappez-la jusqu'à ce que ses pleurs
« De l'aiguillon cuisant me calment les douleurs ! »

CHOEUR DE NEGRESSES.

Bah ! bah ! bah ! maintenant endormez-vous, madame !
Pleurez sur la peau blanche où le dard est resté !
Les bras de nos amants ont déchaîné notre âme.
  Gloire à Toussaint ! Vive la liberté !

CHOEUR DE NÈGRES, dans le lointain.

  Vive la liberté !

LUCIE, à Adrienne.

Que rêves-tu plus beau sur ces lointaines plages,
Que cette chaste mer qui baigne nos rivages ?
Que ces mornes couverts de bois silencieux,
Autels d'où nos parfums s'élèvent dans les cieux ?
Que ce peuple étanchant ses veines épuisées,

Essuyant la sueur sur ses chaînes brisées,
Cultivant ses sillons, et de la liberté
Semant les fruits divins pour sa postérité?

ADRIENNE, toujours distraite.

O mornes du Limbé! vallons! anses profondes
Où l'ombre des forêts descend auprès des ondes;
Où la liane en fleur, tressée en verts arceaux,
Forme des ponts sur l'air pour passer les oiseaux;
Galets où les pieds nus, cueillant les coquillages,
J'écoute de la mer les légers babillages;
Bois touffus d'orangers, qui, respirant le soir,
Parfumez mes cheveux comme un grand encensoir,
Et qui, lorsque la main vous secoue ou vous penche,
Nous faites en passant la tête toute blanche!
Roseaux qui de la terre exprimez tout le miel,
Où passent en chantant si doux les vents du ciel!
De ces climats aimés rêveuses habitudes,
Que j'aime à vous poursuivre au fond des solitudes!
Que j'aime!... mais vos bois, vos montagnes, vos eaux,
Vos lits d'ombre ou de mousse au fond de vos berceaux,
Vos aspects les plus beaux, dont mon œil est avide,

Me laissent toujours voir quelque chose de vide,
Comme si de ces mers, de ces monts, de ces fleurs
Le corps était ici, mais l'âme était ailleurs !

NINA, à ses compagnes.

Vous souvient-il, mes sœurs, de la blanche jalouse,
Fière de sa couleur et de son nom d'épouse?
Son œil pour nous punir d'attirer un regard
Contre notre beauté se tournait en poignard.
« Des verges ! Flétrissez cette insolente esclave
« Dont la grâce m'insulte et la beauté me brave.
« Vengez-moi, frappez-la jusqu'à ce que son front
« De ma race vaincue ait expié l'affront ! »

CHOEUR DE NÉGRESSES.

Bah ! bah ! bah ! maintenant apaisez-vous, madame !
Possédez sans rivale un époux disputé.
Les bras de nos amants ont affranchi notre âme.
   Gloire à Toussaint ! Vive la liberté !

CHOEUR DE NÈGRES, dans le lointain.

   Vive la liberté !

SCÈNE DEUXIÈME

LUCIE et ADRIENNE.

LUCIE se lève et s'approche du devant de la scène avec Adrienne.

Entends-tu de sang-froid ces cris de délivrance
Qui volent sur les mers en insultant la France ?

ADRIENNE.

La France ?

LUCIE.

Tu pâlis, comme si dans ton cœur
Le nom de nos tyrans sonnait encor la peur !
Ne crains rien ; Haïti secouant ses entraves
Pour ces rois détrônés ne germe plus d'esclaves !
La mer qui les portait les a remportés tous ;
L'Océan et la mort roulent entre eux et nous !

ADRIENNE.

Le flot qui repoussa leurs vaisseaux de nos plages
N'entraîna-t-il donc qu'eux vers leurs cruels rivages ?

LUCIE.

Que veux-tu dire ?

ADRIENNE.

Écoute ! Il faut enfin t'ouvrir
Une âme où l'amitié n'a pu tout découvrir ;
Où je ne découvris que jour à jour moi-même
Le secret grandissant de ma tristesse extrême.
Comme on ne voit au fond des abîmes flottants
Qu'en y penchant la tête et regardant longtemps,
L'ombre de ma pensée ainsi s'est éclaircie.
Tu connais ma naissance, ô ma chère Lucie !
Enfant abandonné, fruit d'un perfide amour,
A la sœur de Toussaint, hélas ! je dois le jour ;
Le sang libre des blancs, le sang de l'esclavage,
Ainsi que dans mon cœur luttent sur mon visage ;
Et j'y trouve vivante en instincts différents
La race de l'esclave et celle des tyrans.

LUCIE.

La race des tyrans ! que lui dois-tu ?

ADRIENNE.

La vie !

LUCIE.

Oui, mais par un ingrat une mère trahie,
Expirant de douleur au départ des Français ;
Un père que tes yeux ne reverront jamais,
Qui jamais vers ces bords ne tourna sa pensée,
Qui ne se souvient pas de t'avoir délaissée,
Comme en cueillant la fleur au buisson, le passant
Y laisse, en l'oubliant, une goutte de sang !

ADRIENNE.

Il est vrai ; mais le sang se souvient de sa source,
Le temps m'éloigne en vain de ce jour dans sa course,
L'image de ce blanc me poursuit nuit et jour ;
En vain à mon pays je dois tout mon amour,
Ma mémoire chassant cette image obstinée
Se refuse à haïr celui dont je suis née.
Je me le représente avec des traits si doux,
Avec un cœur si juste et si clément pour nous,
Avec tant de vertus qui rachètent sa race,
Qu'en songe bien souvent ma tendresse l'embrasse,
Et que lui confiant mes secrètes douleurs,
Son portrait sous mes yeux se voile de mes pleurs !

LUCIE.

Son portrait?

ADRIENNE.

Oui : ma mère, unique et dernier gage,
Le portait sur son cœur, et c'est son héritage;
A la haine des noirs je le cache à mon tour
Contre ce cœur d'enfant qu'il fait battre d'amour.
Si jamais je quittais les climats où nous sommes,
Je le reconnaîtrais seul entre tous les hommes.
Quand ma mère mourut, de sa douleur, hélas!
Toussaint, le bon Toussaint, me reçut dans ses bras :
Prends, dit-il à sa femme, un surcroît de famille;
Dieu t'a donné deux fils, il te donne une fille.
Cette enfant du sang blanc, crime d'un ravisseur,
A puisé l'existence au pur sein de ma sœur.
Va, quand de la brebis la portée est jumelle,
Dieu double pour ses fruits le lait dans sa mamelle.
Ma tante consentit à son pieux dessein;
Le lait de ses enfants je le bus dans son sein.
Ses deux fils déjà grands à ses pieds me bercèrent;
Ma vie et leur tendresse ensemble commencèrent.

ACTE I, SCÈNE II.

LUCIE.

D'un cœur reconnaissant tu les aimas tous deux?

ADRIENNE.

Oui, mais je me sentais bien plus sœur de l'un d'eux.

LUCIE.

Isaac, le plus jeune, est l'amour de sa mère.

ADRIENNE.

Non, Albert, le plus grand est l'orgueil de son père.
Je ne sais quel instinct m'attirait plus vers lui,
Comme si mon étoile à son front avait lui.
Albert, peut-être aussi, j'aime encore à le croire,
J'étais son amitié, comme il était ma gloire.
Quand l'un était absent, l'autre cherchait toujours;
Nos yeux s'entretenaient sans geste et sans discours.
Le petit Isaac, inhabile à comprendre,
D'un sentiment jaloux ne pouvait se défendre;
Il nous disait tout triste avec son humble voix :
« Pourquoi suis-je tout seul lorsque nous sommes trois? »
O jours délicieux! ô ravissante aurore

De deux cœurs où l'amour rayonne avant d'éclore !
Jeux naïfs de l'enfance, où le secret surpris
Se trahit mille fois avant d'être compris !
Pas qui cherchaient les pas, mains dans les mains gardées;
Confidences du cœur dans les yeux regardées ;
Promenades sans but sur des pics hasardeux,
Où l'on se sent complet parce que l'on est deux ;
Source trouvée à l'ombre où la tête se penche ;
Fruits où l'on mord ensemble en inclinant la branche ;
Une heure effaça tout. Le jour vint ; il partit...
Je restai seule au monde et tout s'anéantit.

LUCIE.

S'il t'aimait, à partir quoi donc put le résoudre?

ADRIENNE.

L'ordre de son départ tomba comme la foudre.
C'était aux premiers temps où de la liberté
Le triomphe indécis n'était pas remporté ;
Où les restes des blancs, refoulés dans nos villes,
Achevaient de s'user dans les guerres civiles.
Toussaint, quoique vainqueur, modeste en ses succès,

Se proclamait encor le sujet des Français.
Des destins d'Haïti pour demeurer l'arbitre,
Et du commandement pour conserver le titre,
Il fallait, s'entourant d'artifices adroits,
Les chasser de nos ports en respectant leurs droits,
Afin que leur exil, paré de déférence,
D'un départ volontaire eût encor l'apparence.
Le temps fatal pressait Toussaint irrésolu,
Quelques noirs hésitaient ; un traité fut conclu.
Toussaint, faisant céder le père au politique,
Jura fidélité fausse à la république,
Et pour mieux la tromper, de ses bras triomphants,
En otage aux vaincus il remit ses enfants.
« Que la France, dit-il, à présent soit leur mère,
« Et si je la trahis qu'ils détestent leur père ! »
La liberté reçut cet holocauste affreux ;
En immolant ses fils, il s'immolait pour eux.
L'escadre dans la nuit s'évanouit sur l'onde ;
Mon cœur depuis ce jour vit en un autre monde...

LUCIE.

Eh quoi ! de temps en temps nul récit ne vient-il

T'entretenir au moins de leur sort dans l'exil ?
Quelque tendre mémoire aux vagues confiée
N'aborde-t-elle pas ?

ADRIENNE.

Non ; je suis oubliée !
Quelle place veux-tu que tienne dans son cœur
Ce vain amour d'enfant dont rit le blanc moqueur?
Cette petite fille à la peau presque noire,
Qui fait, s'il s'en souvient, repentir sa mémoire ;
* Qui marche les pieds nus, qui travaille des mains,
* Qui cueille sa parure aux buissons des chemins,
* Et qui n'a pour orner ses bras et ses oreilles
* Qu'un rang de coquillage ou de graines vermeilles ;
Lui qui vit au milieu des blanches dont le teint
Des couleurs de l'aurore et de la neige est teint ;
Qui les voit aux rayons des flambeaux de leurs fêtes
Des feux des diamants faire éblouir leurs têtes
Et rouler en chars d'or de palais en palais.
Ces reines de son cœur !... oh ! Dieu, que je les hais !
Écoute ; on dit tout bas, oh ! mais on ment, j'espère,
Que ces fils transplantés rougissent de leur père !...

Que leur orgueil des blancs écoutant les conseils
Croit en nous méprisant se faire aux blancs pareils !
On dit qu'en rois futurs, nourris de flatteries,
On les tient en suspens entre leurs deux patries,
Destinés par les blancs à faire, à leur merci,
Des esclaves là-bas ou des tyrans ici !
Que le premier consul, sensible par adresse,
Comme des lionceaux à son geste les dresse ;
Et qu'Albert, subissant sa fascination,
Voit en lui père, mère, et race et nation.
On dit plus !... Une sœur du héros de la France
Le voit dans son palais d'un œil de préférence,
Et comme un grain de jais qui relève un collier,
Fière parmi sa cour le voit s'humilier.
Le crois-tu ?...

SCÈNE TROISIÈME

ADRIENNE, LUCIE, PÉTION, nègres, négresses, matelots, aides de camp, artilleurs, etc.

Un mouvement subit et général a lieu au fond de la scène. — Les noirs, hommes et femmes, se précipitent vers un rocher élevé qui domine la mer ; ils regardent l'horizon en se montrant les uns aux autres quelque chose du geste. — Lucie et Adrienne, interrompues par ce mouvement et par ces cris, suivent le groupe des noirs et regardent la mer comme eux. — Un noir passe en courant vers le quartier général et crie.

UN NÈGRE.

Des vaisseaux !

Il disparaît.

UNE NÉGRESSE.

Quel nuage de voiles !

UN AUTRE NÈGRE.

Il s'en lève sur l'onde autant qu'au ciel d'étoiles.

ACTE I, SCÈNE III.

UNE ORDONNANCE de Toussaint.

Allumez les signaux!

UN AIDE DE CAMP mulâtre de Toussaint.

Canonniers! à vos camps!

UNE NEGRESSE, montrant du doigt les montagnes.

Les mornes allumés sont autant de volcans.

UN NÈGRE.

Pour l'escadre qui vient chercher un peuple esclave,
Du volcan d'Haïti que la mort soit la lave!

LUCIE.

Dieu! quelle affreuse aurore après des nuits de paix!

ADRIENNE, regardant la mer.

Que la ligne est immense et que les rangs épais!
Du cap de Samana jusqu'à la Pointe-à-Pile
L'Océan tout entier semble marcher sur l'île.

UN NÈGRE.

Des milliers de canons brillent dans les sabords;

Un peuple menaçant vient foudroyer ces bords!

PÉTION, à un matelot noir.

Au port Saint-Nicolas portez l'ordre du maître;
Qu'on grée un aviso; — qu'on aille reconnaître
Combien de grands vaisseaux et sous quels pavillons.
Courez! de l'Océan sondez tous les sillons!
Point de voile! Courbez trente hommes sur les rames,
Plongez comme un requin sous l'écume des lames;
Et si quelque vaisseau tire ou marche sur vous,
Plutôt que d'être pris, sombrez! noyez-vous tous!

LE MATELOT.

Notre vie est à lui comme au maître suprême;
La volonté du ciel et du chef, c'est la même.
Avant que ces oiseaux au bord soient revenus,

En montrant des albatros.

Nous serons de retour ou nous ne serons plus.

SCÈNE QUATRIÈME

LES PRÉCÉDENTS, MOISE et MAZULIME.

MOISE, amenant Mazulime sur le devant de la scène.

Vois-tu dans cette tour une lampe immobile?

MAZULIME.

La lampe de Toussaint! C'est l'étoile de l'île ;
Sa clarté nous conduit à la gloire !

MOISE.

Crois-tu ?
Avant de l'adorer je veux voir la vertu,
Moi! Je veux conserver, sans lui faire une offense,
Ma part dans le conseil comme dans la défense ;
Et savoir si le plan d'un chef dur et hautain
Contre un pareil péril est un rempart certain ?
Peut-être...

MAZULIME.

Parlons bas...

MOISE.

Ami, je m'inquiète
De cette ambition dans une seule tête !
Serviles instruments de coupables projets,
De ce nouveau tyran sommes-nous les sujets ?
A courber sous le joug si la loi nous oblige,
Qu'il cache donc au moins la main qui nous l'inflige ;
Que devant les dangers de la patrie en deuil
Il humilie au moins son impudent orgueil !
Car, quel que soit le nom dont sa main nous décore,
S'il est le maître ici, c'est l'esclavage encore !

MAZULIME.

Nous ! esclaves d'un noir !

MOISE.

D'un ancien compagnon !

MAZULIME.

Tant de sang répandu !

ACTE I, SCÈNE IV.

MOISE.

Pour n'illustrer qu'un nom !

MAZULIME.

En repoussant les blancs du sol qui nous vit naître,
N'avons-nous donc ici fait que changer de maître ?

MOISE.

Un maître ! mais, s'il faut abdiquer tous nos droits,
Qu'il ait un autre sang ! qu'il ait une autre voix !
Qu'il nous vienne de loin ! et que sa foi parjure
Ne soit pas pour nous tous une éternelle injure !
J'aurai moins honte alors de fléchir les genoux
Si ce maître nouveau n'est pas noir comme nous !

MAZULIME.

Sur la face d'un homme on peut voir sa pensée.

MOISE.

Allons donc à Toussaint !

MAZULIME.

Si ta haine insensée

Allait trouver un frère où tu crains un tyran ?

MOISE.

Pour les jours de danger qu'il ait le premier rang !

Ils sortent.

SCÈNE CINQUIÈME

LES MÊMES, MOINS MOISE ET MAZULIME.

PÉTION, à un artilleur de la batterie, en lui montrant la fenêtre de Toussaint.

Attention là-haut ! — La mèche au premier signe !
Feu du canon de nuit ! feu sur toute la ligne !
De la grève au chaos qu'il tonne coup sur coup,
Et qu'avant qu'il se taise Haïti soit debout !

Se tournant vers le groupe de noirs et de négresses, et vers Lucie et Adrienne.

Et vous, que faites-vous à suivre le nuage
D'où va tomber sur nous la mort ou l'esclavage !
Fuyez, dispersez-vous. — Courez semer le bruit
Du danger découvert sous cette horrible nuit,
Et montrez-vous aux yeux d'un amant ou d'un père
Pour que la liberté leur devienne plus chère !

FIN DU PREMIER ACTE.

ACTE DEUXIÈME.

PERSONNAGES.

TOUSSAINT LOUVERTURE.
LE PÈRE ANTOINE.
MOISE.
MAZULIME.
PÉTION.
DESSALINES.
ADRIENNE.
UN MATELOT MULATRE.
GÉNÉRAUX, OFFICIERS ET SOLDATS DE L'ARMÉE DE TOUSSAINT, PEUPLE.

ACTE DEUXIÈME.

L'intérieur de la tour élevée qui sert de cabinet et d'observatoire à Toussaint Louverture. Au milieu, une table encombrée de cartes et de papiers et éclairée par une lampe de fer. A droite, un prie-Dieu surmonté d'un crucifix. A gauche, auprès d'une porte secrète, un meuble garni de vases et de corbeilles au fond. A droite, une grande porte cintrée. A gauche, une fenêtre tendue d'un store.

SCÈNE PREMIÈRE.

TOUSSAINT, seul. Il se promène à pas interrompus et inégaux.

Cette heure du destin si longtemps attendue,

La voilà donc !... En vain je l'avais suspendue,

En vain je suppliais Dieu de la retenir ;

Pour décider de nous elle devait venir !

Entre la race blanche et la famille noire,

Il fallait le combat puisqu'il faut la victoire !...

Il s'arrête un moment.

A quelle épreuve, ô ciel! cette nuit me soumet!
J'ai monté, j'ai monté... voilà donc le sommet
Où mon ambition, de doutes assiégée,
Par ma race et par Dieu va demeurer jugée :
Moïse ainsi monta pour voir du Sinaï
Quelle route il ferait aux fils d'Adonaï.
Du haut de sa terreur et de sa solitude,
Il vit là le Jourdain et là la servitude.
Dans une heure semblable à mon anxiété,
Il y mourut de crainte et de perplexité!
Et Jéhovah pourtant visitait son prophète,
Il conduisait son peuple, il marchait à sa tête!
Et moi?... Non, non, pardonne, ô Dieu, si j'ai douté!
Ne marches-tu donc pas devant la liberté?
En vain dans tes secrets notre destin repose :
Le plus sûr des drapeaux, c'est une juste cause!
Oui, tu m'as suscité sur cette nation.
Ton oracle? Ce fut sa profanation;
Ce fut dans tes enfants ton image offensée :
L'instinct qui venge l'homme est toujours ta pensée!
Courage donc, Toussaint, voilà ton Sinaï!
Dieu se lève vengeur dans ton peuple trahi!

ACTE II, SCÈNE I.

Il fait quelques pas rapides comme soulevé par l'enthousiasme intérieur et retombe ensuite à genoux.

Dans un pauvre vieux noir, cependant, quelle audace !
De prendre seul en main la cause de sa race ;
De se dire : Selon que j'aurai résolu,
Il en sera d'eux tous ce que j'aurai voulu !...
Dans mes réflexions, du mot fatal suivies,
Je pèse avec la mienne un million de vies !...
Si j'ai mal entendu... si j'ai mal répété
Le sens de Dieu !... Malheur à ma postérité !
Dieu ne sonne qu'une heure à notre délivrance,
Opprobre à qui la perd ! mort à qui la devance !

Il s'agenouille sur le prie-Dieu, devant le crucifix, et pleure.

Ah ! combien j'ai besoin d'intercéder celui
Dont l'inspiration sur tous mes pas a lui.

Il prie.

Crucifié pour tous ! symbole d'agonie
Et de rédemption !...

Il s'interrompt et reprend avec amertume.

Quelle amère ironie !
Où se heurte mon cœur lorsque je veux prier ?

Quoi! c'est le Dieu des blancs qu'il nous faut supplier?
Ces féroces tyrans, dont le joug nous insulte,
Nous ont donné le Dieu que profane leur culte ;
En sorte qu'il nous faut, en tombant à genoux,
Effacer leur image entre le ciel et nous !
Eh bien, leur propre Dieu contre eux est mon refuge !
Il fut leur rédempteur, mais il sera leur juge !
La justice à ses yeux n'aura plus de couleur,
Puisqu'il choisit la croix, il aima le malheur.

<small>Il recommence à prier.</small>

Toi qui donnas ton sang pour racheter ta race,
Donne-moi par ta mort le courage et la grâce !

<small>Il se relève et dit lentement.</small>

Avec quelle bonté du bas de mon chemin,
Jusqu'à cette puissance, il m'a pris par la main !
La force du Seigneur ne connaît pas d'obstacles :
C'est de notre néant qu'il tire les miracles !

<small>Entendant du bruit à la porte du fond.</small>

Mais, lorsque je dois seul l'écouter aujourd'hui,
Qui donc vient se placer entre mon âme et lui ?

SCÈNE DEUXIÈME

TOUSSAINT, MAZULIME et MOISE.

TOUSSAINT, étonné, s'avance vers eux, et après les avoir regardés avec surprise et attention.

Sans mes ordres ici ?... Qui vous amène ?

MAZULIME.

Un doute ?

TOUSSAINT, à lui-même.

Je les devine, ils vont trébucher sur la route.
Toujours, quand un grand cœur médite un grand élan,
La prudence et la peur lui compriment le flanc.

Haut.

On doute ?... Est-ce de moi, des noirs, ou de leur cause ?
Mais douter, c'est trahir !... Voyons !

MOISE, à Mazulime.

Dis tout.

MAZULIME, à Moïse.

Je n'ose !
Je crains de trop peu dire ou bien de l'offenser.

Un long silence d'embarras.

TOUSSAINT, avec ironie.

Êtes-vous donc venus pour m'aider à penser ?

MOISE.

Non, chef ! mais quand un peuple a ces grandes alarmes,
Sa pensée est à tous aussi bien que les armes !
Oses-tu sur toi seul prendre un destin pareil ?
Un homme quel qu'il soit vaut-il seul un conseil ?
Ne sens-tu pas à l'heure où chaque noir conspire
Le besoin d'évoquer leur âme qui transpire ;
D'interroger en eux l'instinct du bien commun,
Plus infaillible en tous qu'il ne peut l'être en un ?
Conseil des nations plus sûr que tout grand homme,
Congrès en Amérique ou grand sénat dans Rome.

ACTE II, SCENE II.

Prêt à prendre pour tous un parti clandestin,
Oses-tu donc lutter seul avec un destin ?
Et si Dieu, pour un jour, te retirait sa grâce,
A la postérité répondre d'une race ?
Est-ce faiblesse ou force au moment du danger
D'appeler d'autres yeux à tout envisager ?
De convoquer le peuple à son destin suprême,
Et de lui dire : Vois, décide et fais toi-même ?
Dieu qui parle dans tous est plus sage que moi,
Je puis vivre et mourir, mais non juger pour toi.

TOUSSAINT, à Mazulime, avec mépris.

Et toi ?

MAZULIME.

Moi, si j'étais sur une tour si haute,
Je craindrais le vertige... et tremblant que ma faute
Entraînât avec moi tous ceux que je conduis,
Mon esprit dans leurs chefs chercherait des appuis ;
Je dirais : C'est au peuple à faire son histoire,
Salut ou perte à tous et non à ma mémoire !
Je frémirais de prendre un peuple dans ma main;
Car je répondrais seul à Dieu du genre humain !

> TOUSSAINT, *les prenant avec bonté chacun par une main.*

Écoutez... Je comprends à tous deux votre idée,
Et mon âme en secret en était obsédée.
Je me disais : Qui ? toi ? pauvre vieux vermisseau,
De ta main sur le peuple oser mettre le sceau !
Répondre à Dieu là-haut, et de cette île au monde,
D'une race de plus qui se perd ou se fonde ?
Être à moi seul un jour leur bras et leur dessein,
Dans mon front leur pensée et leur cœur dans mon sein ?
C'est trop pour un mortel, c'est démence ou blasphème,
C'est usurper sur eux, sur l'homme et sur Dieu même !
Sur Dieu ?... Puis sur mes pas revenant un moment,
Sur Dieu ?... si par hasard j'étais son instrument ?
Il agit seul, c'est vrai, mais il agit par l'homme :
Nul ne sait par quel nom dans un peuple il se nomme !
Moïse, Romulus, Mahomet, Washington !
Qui sait si dans les noirs il n'aura pas mon nom ?
Alors, envisageant ma destinée étrange,
Un soupçon de grandeur s'éleva dans ma fange.
Je dis en mesurant ma marche de si bas :
Un miracle est écrit sur chacun de mes pas !

Pourquoi donc en voyant tout prodige en arrière,
N'en aurait-il pas un au bout de ma carrière?
Alors un grand espoir entra dans mon esprit.
Écoutez...

    MAZULIME, bas à Moïse.

Dans sa foi le miracle est écrit.

     TOUSSAINT.

* Quand l'orage d'idée éclata sur cette île,
* Je vieillissais obscur dans un état servile ;
* Je ne sais quel esprit par mon nom m'appela,
* Me cria : C'est ton heure ! et je dis : Me voilà !
* Soit qu'en certains esprits la force intérieure
* Leur assigne la tâche et leur indique l'heure,
* Soit que la force en eux provienne de leur foi,
* Dans cet ordre du ciel que l'on entend en soi
* Je ne doutai jamais ; cela semblait démence
* De faire, moi petit, je ne sais quoi d'immense :
* Et chose singulière... une intime splendeur
* D'un peuple sur mon front fit briller la grandeur ;
* Malgré mes traits flétris et malgré l'esclavage,
* L'éclat de mon destin brilla sur mon visage ;

* La puissance du cœur par mes yeux déborda :
* Je rampais dans la foule et l'on me regarda.

Un jour, un capucin, un de ces pauvres pères
Colporteurs de la foi, dont les noirs sont les frères,
En venant visiter l'atelier de Jacmel,
S'arrêta devant moi comme un autre Samuel.
Quel est ton nom?—Toussaint.—Pauvre mangeur d'igname,
C'est le nom de ton corps; mais le nom de ton âme,
C'est Aurore, dit-il... — O mon père, et de quoi?
— Du jour que Dieu prépare et qui se lève en toi !
Et les noirs ignorants, depuis cette aventure,
En corrompant ce nom m'appellent Louverture.
Ce moine baptisait en moi la liberté ;
Je ne l'ai plus revu, son nom fut vérité.
Aux lointaines lueurs que ce mot me fit luire,
Ignorant, je sentis le besoin de m'instruire.
Un pauvre caporal d'un de leurs régiments
Des sciences des blancs m'apprit les éléments.
Je réduisais d'un sou ma vile nourriture
Pour payer jour par jour ses leçons d'écriture.
Sitôt que le rideau de mes yeux fut levé,

ACTE II, SCÈNE II.

Je vis plus clairement ce que j'avais rêvé ;
La volonté me vint avec l'intelligence,
Je sentis la justice et conçus la vengeance.
* Les noirs pour leur couleur n'avaient que du mépris ;
* Pour prendre autorité sur ces faibles esprits,
* Il fallut emprunter à leurs tyrans eux-même
* La force dont leur sang était pour nous l'emblème.
Parmi les Espagnols de l'île je m'enfuis ;
Au métier des combats avec eux je m'instruis,
Je paye avec mon sang les grades que j'achète.
Le marquis d'Hermona m'accorde l'épaulette ;
L'indépendance enfin me donne le signal :
J'étais parti soldat, je revins général.
* On me suit : les Français minés par la discorde
* Acceptent humblement le pacte que j'accorde ;
* Ils s'embarquent laissant un homme de ma peau,
* Un diadème au front caché par mon chapeau.
Ma double autorité tient tout en équilibre ;
Gouverneur pour le blanc, Spartacus pour le libre·
* Tout cède et réussit sous mon règne incertain,
* Je demeure indécis ainsi que le destin,
* Sûr que la liberté germant sur ces ruines

* Enfonce en attendant d'immortelles racines.

<small>Il se tait un moment.</small>

Mais si la France envoie un maître à des sujets,
Elle fait elle-même éclater mes projets :
Esclave ou tout puissant.

MOISE, bas à Mazulime.

Ce mot seul le révèle.
Tout puissant! entends-tu?... Ma crainte était réelle.

TOUSSAINT.

Douteriez-vous encore?

MOISE, ironiquement.

Il nous est démontré
Qu'un citoyen loyal en vous s'est rencontré.

<small>Ils sortent.</small>

TOUSSAINT.

Je veillerai sur eux!...

<small>Il va à la fenêtre et lève le store.</small>

SCÈNE TROISIÈME

TOUSSAINT, ADRIENNE.

TOUSSAINT, *entendant frapper à la porte de son cabinet, s'avance pour ouvrir.*

A la porte secrète,
Qui donc sans qu'on l'appelle affronte ma retraite?

ADRIENNE, *entr'ouvrant la porte et avançant timidement la tête.*

Mon oncle!

TOUSSAINT.

Ah! c'est ma fleur de bénédiction,
L'étoile qui blanchit mes nuits d'affliction!
Entre, ma chère enfant, ton œil serein m'inspire.
J'aime à consulter Dieu dans ton charmant sourire.
Depuis que mon Albert fut éloigné de moi,
Tout mon amour de père est retombé sur toi.

* Ta tendresse est pour moi la racine cachée
* Par qui je tiens encore à la terre séchée.
* Entre comme un présage à l'heure où mon dessein
* Éclôt irrésolu dans l'ombre de mon sein.
Mais pourquoi veilles-tu comme une active flamme ?
Quand tu devrais dormir, toi du moins, pauvre femme,
Comme Moïse enfant dormait dans son berceau
Que la bonté de Dieu fit surnager sur l'eau.
Ne crains rien !

ADRIENNE.

Mais, mon oncle, oserai-je introduire
Quelqu'un qui m'a prié vers vous de le conduire ?

TOUSSAINT.

A cette heure ? Quelqu'un ? Quel mystère imprévu ?
Parle ! sais-tu qui c'est ?

ADRIENNE.

Je ne l'ai jamais vu.
C'est un moine couvert d'un vêtement de bure
Dont un capuchon blanc ombrage la figure ;
Il a trompé la garde en passant au milieu ;
Il demande à vous voir en hâte au nom de Dieu.

TOUSSAINT.

Qu'il entre à ce saint nom ; toi, demeure à la porte.

A part.

L'innocence et la foi sont une sûre escorte.

Adrienne sort.

SCÈNE QUATRIÈME.

TOUSSAINT, LE PÈRE ANTOINE.

Le moine s'avance à pas lents et relève son capuchon quand il est
à deux pas de Toussaint.

LE MOINE.

C'est moi!... Reconnais-tu, chef qu'un peuple révère,
Celui que tu connus quand tu rampais à terre?
Celui qui t'a tracé le sentier de tes pas
Et qui t'a dit ton nom que tu ne savais pas?

TOUSSAINT, le regardant avec stupeur.

Sa couronne a blanchi, mais c'est lui!... c'est le moine
Que je vis à Jacmel.

LE MOINE.

Oui! moi, le père Antoine.

ACTE II, SCÈNE IV.

TOUSSAINT, à part.

Je me sens devant lui tout saisi de respect.

Au moine.

Mon père, comprenez mon trouble à votre aspect.
Fier de ma mission, effrayé de la vôtre,
Je ne sais de nous deux qui doit respecter l'autre.
Oui, je vous reconnais, et je tombe à genoux.
Votre nom m'a prédit; Dieu voit et parle en vous !

LE MOINE, relevant Toussaint.

Dieu parle, mon enfant, dans toute créature;
C'est un oracle sûr qu'une grande nature.
Ton front portait écrit l'avénement du noir;
Le prophète était toi, je n'ai fait que te voir.

TOUSSAINT.

Dieu ne fait voir ainsi qu'au regard qu'il dessille.
Gloire à l'esprit des saints où sa lumière brille !
Mon sort m'était caché, vous m'êtes apparu...

LE MOINE.

Ton destin s'obscurcit, et je suis accouru.

TOUSSAINT.

Hélas! ma volonté que travaille un grand doute
N'eut jamais plus besoin d'un éclair sur ma route.

LE MOINE.

Je le sais.

TOUSSAINT.

Vous, mon père? et qui donc vous l'apprit?

LE MOINE.

Ma pensée invisible est avec ton esprit.
Je t'ai suivi de l'œil des fers au rang suprême.
Je t'aime, roi des noirs, parce que mon Dieu t'aime;
Parce que l'avenir du quart de ses enfants
Repose avec sa foi sur tes bras triomphants.

TOUSSAINT.

Mais vous n'êtes pas noir! Mais vous n'êtes pas traître
A vos frères les blancs?...

LE MOINE.

Je sers un autre maître

ACTE II, SCÈNE IV.

* Qui ne connaît ni blancs, ni noirs, ni nations,
* Qui s'indigne là-haut de ces distinctions,
* Qui d'un égal amour dans sa grandeur embrasse
* Tous ceux qu'il anima du souffle de sa grâce,
Qui ne hait que l'impie et les persécuteurs,
Et soutient de son bras les bras libérateurs.
Levant les mains vers lui pendant la sainte lutte,
Je suis de la couleur de ceux qu'on persécute!
Sans aimer, sans haïr les drapeaux différents,
Partout où l'homme souffre, il me voit dans ses rangs.
Plus une race humaine est vaincue et flétrie,
Plus elle m'est sacrée et devient ma patrie.
J'ai quitté mon pays, j'ai cherché sous le ciel
Quels étaient les plus vils des enfants d'Israël,
* Quels vermisseaux abjects, d'un talon plus superbe,
* Le pied des oppresseurs écrasait nus sur l'herbe ;
* J'ai vu que c'était vous! vous sur qui votre peau
* Du deuil de la nature étendit le drapeau ;
* Vous, insectes humains, vermine au feu promise,
* Contre qui la colère aux plus doux est permise,
* Que le plus vil des blancs peut encor mépriser,
Que le fou peut railler, que l'enfant peut briser,

* Qu'un revendeur de chair vend, colporte et transplante,
* Comme un fumier vivant qui féconde une plante ;
* Sans pères, sans enfants, nomades en tout lieu,
* Hors la loi de tout peuple et hors la loi de Dieu ;
* A qui, pour conserver plus de prééminence,
* Le blanc comme un forfait défend l'intelligence,
* De peur que vous lisiez au livre du Sauveur
* Que les blancs ont un juge et les noirs un vengeur !
Je vis dans votre sort ma mission écrite ;
Je jurai de servir votre tribu proscrite,
Et pour premier bienfait de mon affection,
Je vous portai, mon fils, la résignation.
Je vous dis d'imiter l'esclave du Calvaire,
D'espérer la justice et non de vous la faire.
* La justice à la fin se leva sur vos pas,
* La discorde des blancs eut besoin de soldats.
* Les Français, assiégés de périls et d'alarmes,
* Vous donnèrent un jour la liberté pour armes.
* Contre l'oppression le besoin protesta ;
* Le Français disparut, la liberté resta.
Moi, cependant, fuyant dans le midi de l'île
L'impiété des blancs qui chassaient l'Évangile,

Parmi les Espagnols j'allai cacher ma foi.

La renommée y vint et me parla de toi.

J'appris que sous ta main ta race protégée

Proscrivait l'injustice après l'avoir vengée ;

Que les blancs, de la mort sauvés par leur vainqueur,

Reconnaissaient un maître aux vertus de ton cœur ;

Qu'ils cultivaient en paix le commun héritage

Dont tu n'avais voulu que le juste partage ;

Que tu rendais le Christ à ses autels fumants,

Et je bénissais Dieu dans ces grands changements !

Quand du sommet du cap qui divise la plage,

De voiles sur la mer j'aperçus le nuage ;

Je pressentis ton trouble, et par Dieu seul cité,

J'apporte son esprit à ta perplexité.

SCÈNE CINQUIÈME

LES MÊMES, UN MATELOT mulatre, PÉTION.

TOUSSAINT, au matelot.

Eh bien ?

PÉTION.

Mon général, cet homme est le pilote
Que votre ordre envoya reconnaître la flotte.
Sans être découvert il a revu le port.

TOUSSAINT.

En termes clairs et brefs qu'il fasse son rapport.

Au matelot.

Parle !

LE MATELOT.

Le vent soufflait et la mer était haute ;
Nous cinglâmes à l'est sous l'ombre de la côte.

ACTE II, SCÈNE V.

TOUSSAINT.

Que m'importent les vents et la mer ! Les vaisseaux ? Combien ?

LE MATELOT.

Maître, soixante au moins.

TOUSSAINT.

Dans quelles eaux ?

LE MATELOT.

Dans les eaux d'Haïti, demain avant l'aurore.

TOUSSAINT.

L'amiral ?

LE MATELOT.

Un trois-ponts.

TOUSSAINT.

Le drapeau ?

LE MATELOT

Tricolore.

TOUSSAINT.

Ces vaisseaux semblaient-ils porter du monde à bord?...
Des canons?

LE MATELOT.

Ils prenaient de l'eau jusqu'aux sabords.

TOUSSAINT, calculant sur ses doigts.

Pour transporter de Brest à la mer où nous sommes
Soixante voiles!... Huit! C'est quarante mille hommes!...
Quelques sons par le vent étaient-ils apportés?

LE MATELOT.

La Marseillaise et l'air de Ça ira.

TOUSSAINT.

Sortez!

Au moins.

Je n'en puis plus douter. La guerre ou l'esclavage!
Je couvrirai de fer et de feu ce rivage.

SCÈNE SIXIÈME

TOUSSAINT, LE PÈRE ANTOINE, DESSALINES.

DESSALINES.

Un esquif qui cherchait à se glisser au port
Avait ces imprimés et cette lettre à bord.
J'ai fait du grand écueil retirer la balise.

TOUSSAINT.

Dessalines, donnez... Allez, que je les lise.

SCÈNE SEPTIÈME

TOUSSAINT, LE PÈRE ANTOINE.

TOUSSAINT dépose les papiers sur la table et lit d'abord l'adresse de la lettre, puis il l'ouvre, court de l'œil à la signature et s'écrie en élevant la lettre avec orgueil dans sa main.

Bonaparte !

LE MOINE.

Qu'un nom a sur nous de pouvoir !

TOUSSAINT.

Lui, le premier des blancs, moi, le premier des noirs !
Ta fierté jusqu'ici n'était pas descendue
Jusqu'à prendre la main que je t'avais tendue !
Mais puisqu'il reconnaît à la fin son égal,
Voyons si le langage est digne.

Il lit.

« Général, »

A part.

C'est la première fois que des Français l'arbitre
De ses doigts dédaigneux laisse tomber ce titre.
Son orgueil à la fin fléchit devant le mien !

LE MOINE.

Ou bien, pour te séduire, il exalte le tien.

TOUSSAINT, lisant.

« Général, revêtu de la force publique,
« Par le vœu de l'armée et de la République,
« Après avoir vaincu, pacifié, soumis ;
« Sur terre sans rival, sur mer sans ennemis ;
« J'ai porté mes regards vers la terre où vous êtes ;
« Là m'attendent aussi d'importantes conquêtes.

Il s'arrête avec susceptibilité, puis reprend.

« Oui, je veux conquérir, mais à la liberté,
« La race qui m'ignore et qui vous a porté.
« Des droits qu'elle a rêvés, oui, cette race est digne ;
« Mais, pour qu'ils soient sacrés, il faut que je les signe. »
L'insolent ! c'est un dieu jetant l'arrêt fatal.

LE MOINE.

Ce langage est d'un maître et non pas d'un égal.
Poursuis.

TOUSSAINT, continuant.

« La République, à ma voix réformée,
« Pour la représenter vous envoie une armée ;
« Elle va renforcer vos drapeaux triomphants.
« Songez-y, ces soldats sont mes braves enfants ;
« Mon beau-frère, leur chef, embarqué sur l'escadre,
« D'un ordre social vous porte enfin le cadre.
« Vous aurez pour honneur, pour règle, pour devoir
« D'y faire entrer le blanc, le mulâtre, le noir ;
« Généraux tous les deux... craignez la flatterie :
« Il n'est point de second où règne la patrie ! »
Que veut dire ce mot sonore, obscur et bref ?

LE MOINE, ironiquement.

C'est clair... Que pour second il vous envoie un chef !

TOUSSAINT, avec colère.

Un chef ! Il oserait...

ACTE II, SCÈNE VII.

LE MOINE.

Quoi donc peut te surprendre?
Ce que l'on n'ose dire, on le laisse comprendre.
Mais lis.

TOUSSAINT, reprenant sa lecture.

« La République a des bras de géant;
« Elle compte l'espace et l'homme pour néant;
« Tous ses amis sont grands pour sa reconnaissance,
« Et tous ses ennemis nuls devant sa puissance.
« Elle a les yeux sur vous; vous l'aimez; vos enfants
« Ont été confiés à ses bras triomphants.
« Elle a pour eux les soins d'une mère chérie;
« C'est eux que vous servez en servant la patrie;
« Elle voit dans vos fils le sceau de vos serments,
« Et le nœud mutuel des plus sûrs sentiments.
« Vous êtes père!... Ils sont le prix qu'elle vous garde;
« Leur sort est dans vos mains, la France vous regarde.

« BONAPARTE. »

LE MOINE.

Voilà tout?

TOUSSAINT, abattu.

Voilà tout.

LE MOINE.

Qu'en dis-tu ?

TOUSSAINT.

Le bourreau !

LE MOINE.

Cette lettre est du fer dans un brillant fourreau,
Il dore la poignée en enfonçant la lame.

TOUSSAINT.

O père ! il flatte l'œil, mais il transperce l'âme.

LE MOINE.

De haine et de faveur quel contraste heurté !
Quels sinistres éclairs dans son obscurité !
Comme dans tout ce style on sent, malgré l'adresse,
La main prête à frapper sous la main qui caresse !

TOUSSAINT.

Qui caresse? ô mes fils! Dis plutôt comme on sent
La langue du lion qui lèche jusqu'au sang!

LE MOINE.

Avec quel artifice habile il entrelace
L'espérance et la peur, l'appât et la menace!

TOUSSAINT.

Oui, mais comme à la fin dans son lacet surpris
Il étrangle le père en embrassant les fils!
Oh! périsse le jour où me vint la pensée
De confier mon sang à la race offensée!

LE MOINE.

Si tu ne l'avais fait, serais-tu donc Toussaint?

TOUSSAINT.

Je n'aurais qu'un devoir.

LE MOINE.

                Tu suivras le plus saint.

TOUSSAINT.

Quel est-il?... Osez donc le décider vous-même!

LE MOINE.

Entre ton peuple et toi, balancer, c'est blasphême.

TOUSSAINT.

Oui, mais dans l'attitude où les destins m'ont mis.
Le servirai-je mieux rebelle que soumis?
Du sceau des blancs ici ma puissance couverte
Ne me vaut-elle pas plus qu'une guerre ouverte?
Que pourra des Français la faible autorité,
Traînant de leur couleur l'impopularité?
Leur proconsul sans force et paré d'un vain titre
Des destins d'Haïti me laissera l'arbitre;
Je saurai dévorer ce téméraire affront,
Jusqu'à ce qu'Haïti les dépasse du front.
* Et sous leurs étendards grandissant à leur ombre,
* Aidé par le climat les étouffer du nombre;
* La présence des blancs, leur aspect odieux
* M'assurera les cœurs en alarmant les yeux.
* Du lion déchaîné, pour irriter la haine,

'Il est bon quelquefois qu'il voie un bout de chaîne.
'Devant l'anneau sanglant qu'il a longtemps porté,
'Le captif aime mieux son âpre liberté.
Cependant les Français, trompés par l'apparence,
Laisseront mes enfants revenir de la France ;
Aussitôt que leurs pieds auront touché ces bords,
On connaîtra Toussaint... Je serai libre alors !...

LE MOINE.

Tu seras dans les fers forgés par ta démence !
Le grand jeu du destin jamais ne recommence.
Quand le prix qu'on expose est un peuple de Dieu,
Deux fois, sur sa fortune, on ne met pas l'enjeu.
'Une fois ou jamais !... Quand l'heure d'en haut sonne,
'Elle ne s'accommode à l'heure de personne...
'Écoute... Mieux que toi, je lis dans ton esprit ;
'Tu cherches à tromper l'instinct qui t'attendrit ;
'Ta résolution contre l'amour se brise,
'Ton cœur irrésolu raisonne et temporise ;
'Mais des nécessités le flot accumulé
'T'écrase sous le temps vainement reculé.
'Dis-moi, crois-tu toi-même à ton propre sophisme ?

6.

" Prends-tu ta lâcheté pour du patriotisme ?
" Crois-tu l'indépendance et les droits des humains
" Plus sûrs aux mains d'autrui que dans leurs propres mains!
" Crois-tu que les Français, maîtres de ces rivages,
   Viennent pour adorer vos droits sur vos visages,
" Et de l'indépendance assurant les progrès
" Admirer tout armés la révolte de près ?
" Non, tu ne rêves pas ce stupide délire :
" L'esclave au cœur du maître a trop appris à lire ;
" Tu sais qu'on ne voit pas des bœufs baisser leurs cous
" Sans que l'on soit tenté de leur tendre les jougs !
" Que le maître et l'esclave auront dans l'attitude
" De leur ancien état l'invincible habitude...
" Replacer face à face ainsi deux ennemis,
" Deux droits encor saignants, l'un perdu, l'autre acquis,
" C'est mettre l'étincelle et la poudre en présence ;
" C'est tenter à la fois l'homme et la Providence !
" Des ferments rapprochés la prompte explosion
" Te punirait bientôt de ton illusion.
" Le Français enhardi par tes molles faiblesses
" Usurpera du pied le terrain que tu laisses ;
" On verra s'élever des Spartacus nouveaux ;

* Tes plus fiers lieutenants deviendront tes rivaux.
* Rebelle aux yeux des blancs, aux yeux du peuple traître,
* Ton allié bientôt se lèvera ton maître,
* Et lorsque de son cœur le noir t'aura banni,
* L'île sera sans chef et tout sera fini !

TOUSSAINT.

Avant que sous leur joug le chef se laisse abattre
Il aura combattu.

LE MOINE.

Pourquoi veux-tu combattre ?
Dans ce premier succès, par vos droits remporté,
Trop de sang n'a-t-il pas payé la liberté ?
Ton mérite au regard du Dieu qui le déteste
N'est-il pas d'en avoir épargné quelque reste,
* Et de t'être élevé, comme un médiateur,
* Au milieu d'un conflit dont tu n'es pas l'auteur ?
* Ce sang retombera sur la seule anarchie
* D'où sortit à ta voix ta couleur affranchie.
Veux-tu prendre sur toi celui qui va couler ?...
Si tu laisses encor les races se mêler,
Ton hésitation en serait responsable ;

Dieu te l'a-t-il donné pour arroser le sable,
Pour en faire l'appoint de tes propres profits,
Pour en payer aux blancs la rançon de tes fils?
Tu tiens entre tes mains les clefs des ports de l'île,
Jette-les dans la mer dont le flot les exile;
Les tempêtes de Dieu seules vous défendront.
Ils sauveront leur vie au prix de cet affront.
Du sommet de leurs mâts saluant le grand morne
Ils auront reconnu que l'Océan vous borne.
Ce peuple, sans combat, pour ses ports reparti,
N'aura coûté qu'un mot au maître d'Haïti!

TOUSSAINT.

Leur refuser les ports, c'est déclarer la guerre!
Il me faut accorder le chef avec le père.
Attendons à demain.

LE MOINE.

A présent, ou jamais!
Écoute-moi, Toussaint. Il est de ces sommets
Qu'on ne redescend plus! C'est le point où nous sommes.
Ou monter ou tomber, c'est la loi des grands hommes.

Si tu tombes du faîte où ton Dieu t'a porté
Toute ta race tombe avec la liberté.

TOUSSAINT.

Si je perds mes enfants que m'importe ma race?

LE MOINE.

Si tu perds tes enfants un peuple les remplace.
A ta vaste famille, aveugle, ouvre tes bras.

TOUSSAINT.

Je suis père avant tout.

LE MOINE, tirant de son sein le crucifix et le montrant à Toussaint.

Dieu ne l'était-il pas?

Le moine sort lentement par la porte secrète. Toussaint reste anéanti.
Les noirs entrent par l'autre porte en foule.

SCÈNE HUITIÈME

TOUSSAINT, DESSALINES, PÉTION, GÉNÉRAUX, OFFICIERS, SOLDATS ET MATELOTS DE L'ARMÉE DE TOUSSAINT, PEUPLE.

Le peuple arrive en foule et se presse à toutes les issues.

DESSALINES.

Trahison!

LE PEUPLE.

Trahison!

DESSALINES.

Les Français sur la grève!

LE PEUPLE.

Les Français débarqués!

TOUSSAINT.

Débarqués?... Est-ce un rêve?

ACTE II, SCÈNE VIII.

PÉTION.

Le Port-au-Prince est pris ; un lâche général
Vient de l'ouvrir.

TOUSSAINT, avec un calme affecté.

Les forts ?

PÉTION.

Livrés à l'amiral !

TOUSSAINT, d'un air de mystère et de prescience.

C'est le piége où j'avais médité de les prendre.

DESSALINES, avec indignation.

Pour souiller Haïti ?

TOUSSAINT.

Pour y laisser leur cendre !...

A part.

Toussaint ! les vents, la nuit, ont décidé pour toi !...

Haut.

Généraux, officiers, soldats, écoutez-moi :

TOUSSAINT LOUVERTURE.

Tout ce qui vous surprend s'accomplit par mon ordre :
Pour y laisser les dents à la proie il faut mordre.
Les Français aujourd'hui repoussés de nos bords
Y seraient revenus plus nombreux et plus forts.
De leurs mille vaisseaux leur flotte composée
Eût été les chercher à la rive opposée.
Haïti, jusque-là de son sort incertain,
Eût tourné vers les mers ses yeux chaque matin,
Tremblant à chaque fois de voir, avec l'aurore,
Rougir à l'horizon le drapeau tricolore !
Esclave dans le sang, quoique affranchi de nom,
Nul n'aurait jamais su s'il était libre ou non !
Nos femmes auraient craint que du pur sang des braves
Leur ventre inféodé n'enfantât des esclaves !
On jouit mal d'un bien qu'on peut nous disputer,
Et voir toujours le joug, c'est presque le porter ;
Il fallait que l'oracle enfin se fît comprendre.

Avec énergie.

L'oracle est dans vos cœurs ! c'est à vous de le rendre,
Peuple ! si vous suivez mon inspiration,

Hourrah du peuple.

Vous étiez un troupeau, je vous fais nation !
Applaudissements du peuple.
Fussent-ils plus nombreux que ces milliers d'étoiles,
Pas un des débarqués ne reverra ses voiles !
Pas un de ces vaisseaux ne reverra leurs bords.
Avec exaltation.
La flamme et les écueils sont leurs vents et leurs ports !
Ce ciel dévorera l'escadre avec l'armée,
Et la France en verra revenir la fumée !
Applaudissements frénétiques.
Mais il faut vous laisser conduire par un fil,
Sans demander : Pourquoi ?... Que veut-il ? Que fait-il ?
Que toute âme de noir aboutisse à mon âme !
Toute grande pensée est une seule trame
Dont les milliers de fils, se plaçant à leur rang,
Répondent, comme un seul, aux doigts du tisserand.
Mais si chacun résiste et de son côté tire,
Le dessin est manqué, la toile se déchire !
Ainsi d'un peuple, enfants !... Je pense : obéissez !
Pour des milliers de bras, une âme, c'est assez !

UN HOMME DU PEUPLE.

Oui, nous t'obéirons !

UN MATELOT.

Comme à la brise l'onde !

PÉTION.

Toussaint sur Haïti ! comme Dieu sur le monde !

TOUSSAINT, aux généraux noirs.

Généraux, inspecteurs, chefs de mes régiments,
Allez ! allez chacun à vos commandements.
Que l'occasion seule à ma place commande !
Je ne donne aucun ordre et si l'on vous demande :
Avez-vous vu Toussaint ? Quel est l'ordre du chef ?
Répondez seulement par un : Non, ferme et bref.
Sur mes desseins secrets feignez l'incertitude ;
Restez dans une fausse et douteuse attitude ;
Ayez pour les Français des visages amis
(L'œil ouvert du serpent et des cœurs ennemis).
Ils flotteront ainsi de l'audace à la crainte,
Comme on sonde du pied la cendre mal éteinte,
Demandant ma réponse et l'espérant toujours.
Nous leur ferons ronger les jours après les jours.

ACTE II, SCÈNE VIII.

La fièvre, en attendant, céleste auxiliaire,
Ouvrira pour leurs os la terre hospitalière,
Et décimant leurs rangs sous ce climat fatal,
Changera leur conquête en immense hôpital.

Hourra !

* Moi cependant caché dans mon ombre immobile,
* On me croira toujours à l'autre bout de l'île ;
* Invincible, impalpable, inconnu, mais debout,
* Attendu, retardant, absent, présent partout,
* Comme l'œil du Très Haut sur la malice humaine,
* Je serai l'œil des noirs éclairé par la haine !
* Et lorsque le signal

Montrant son front.

* ici retentira,

* Reposez-vous sur moi, la foudre en sortira !...
Aux trois coups de canon tirés du haut de l'île,
Sans combattre, une nuit, sortez de chaque ville ;
Repliez tous les noirs en laissant, pour adieu,
La flotte, les palais et les cités en feu !
Depuis mon propre toit jusques aux champs d'igname,
Balayez le terrain comme un balai de flamme !
Ne laissez sur le sol que la pierre et les os

Et venez me rejoindre au morne du Chaos!
J'y serai le premier, montez nus, ma prudence
Aura pour les noirs seuls préparé l'abondance.
* Les arbres renversés et les rochers épars
* Auront à la nature ajouté des remparts.
* Les blancs y marcheront comme la brute au piége,
* Leurs bras désespérés en tenteront le siége.
* Vous roulerez les monts sur leurs corps foudroyés;
* Entre la mer et vous, écrasés ou noyés,
* Ils auront disparu comme une onde tarie,
* Et leurs os fumeront le sol de la patrie!
Allez, ne craignez rien, mon ombre est sur vos pas.

<small>Dessalines et Pétion s'avancent pour parler; il les arrête du geste.</small>

Je connais vos pensers, ne me les dites pas!
Vous craignez les Français, votre cœur s'épouvante
De cet art meurtrier dont leur orgueil se vante.
Que peut-il contre un peuple? Enfants, vous allez voir.

<small>Il fait un signe.</small>

Apportez-moi ces grains de maïs blanc et noir.

<small>On lui apporte une corbeille, il y prend une poignée de grains de maïs noir, la verse dans une coupe de cristal, et répand sur la surface du vase une couche de maïs blanc, puis il présente la coupe aux regards du peuple.</small>

Vous ne voyez que blanc quand votre front s'y penche?
A vos yeux effrayés toute la coupe est blanche...
Or, pourquoi les grains blancs sont-ils seuls aperçus?...

Hésitation des noirs.

Peuple pauvre d'esprit! eh! c'est qu'ils sont dessus!...
Mais attendez un peu.

Il vide la coupe sur un plateau, les grains blancs disparaissent complétement dans l'immense quantité de grains noirs.

Tenez, le noir se venge ;

En remuant les grains, voyez comme tout change!
On ne voyait que blanc, on ne voit plus que noir;
Le nombre couvre tout, et ceci vous fait voir
Comment l'égalité, quand l'honneur la rappelle,
Rend à chaque couleur sa valeur naturelle!
Le talent n'y peut rien. — Ils sont un et vous dix.—
Haïti sera noir, c'est moi qui vous le dis.

Le peuple pousse des éclats de rire et des applaudissements forcenés.

Allez! et laissez-moi penser pour la patrie.

Tout le monde sort.

SCÈNE NEUVIÈME

TOUSSAINT, ADRIENNE.

ADRIENNE.

Et moi puis-je rester, mon oncle?

TOUSSAINT.

Enfant chérie!

A part.

* Mes pleurs à cette voix sont tout prêts à couler.

Haut.

* Fleur au milieu d'un camp qu'un soldat peut fouler,
* Hélas! il valait mieux naître sur une tombe
* Que sur un sol fouillé par l'obus et la bombe!
Écoute, approche-toi, réponds-moi sans effort.
Aimes-tu ton pays?

ADRIENNE.

Moi?...

ACTE II, SCÈNE IX.

TOUSSAINT.

Mais, jusqu'à la mort?...

ADRIENNE.

Mon oncle et mon pays, n'est-ce pas même chose?
N'es-tu pas seul pour moi tout ce qui le compose?...
Ai-je un autre pays que l'ombre de tes pas?
Que me serait la terre où tu ne serais pas?

TOUSSAINT.

* Pauvre amour! La réponse est douce, mais amère;

A part.

* Mon vieux cœur est ému tout comme un cœur de mère.
* Quoi! de tous ses instincts le vieux noir triomphant
* Ne peut voir sans pleurer ce visage d'enfant.

A Adrienne.

Mais si je te disais : Va, seule, je t'envoie
Mourir pour tous les noirs?

ADRIENNE.

Oh! j'irais avec joie!
Partout où vous diriez, oui, mon oncle, j'irais!

Car ce serait pour vous encor que je mourrais !

TOUSSAINT.

Mais si je te disais : Loin de moi, va-t'en vivre,
Adrienne ! Je vais où tu ne peux me suivre.
Que ferais-tu ?

ADRIENNE.

Non, non, je n'obéirais pas.
J'entraverais vos pieds pour arrêter vos pas,
Et vous me traîneriez à vos genoux collée
Comme on traîne à son pied la liane enroulée !
Mais cet horrible jeu, pourquoi le faites-vous ?
Ai-je donc jamais eu d'abri que vos genoux ?
Et si vous m'enleviez ce roc où je m'appuie,
Où serait, dites-moi, la place de ma vie ?

TOUSSAINT, plus ému.

Ange des noirs, ta place était au paradis.
Il soupire.
Non, ce n'est pas un jeu, mais pourrais-tu bien, dis !
Là, dans ton cœur limpide, étouffer un mystère ?...
Le sort de ton pays ?... Tout savoir et te taire ?

ACTE II, SCÈNE IX.

ADRIENNE.

* De tout ce que j'ai su qu'ai-je donc révélé ?
* Entendit-on l'écho quand vous m'avez parlé ?

TOUSSAINT.

* Il est vrai, ton jeune âge égale ma prudence ;
* J'ai mis dans ton cœur sûr toute ma confidence.
* La nuit, le ciel et toi savent seuls mes secrets,
* Et ces murs plus que toi n'ont pas été discrets.
* Mais ton corps délicat, belle et fragile trame,
* N'est pas, pauvre petite, aussi fort que ton âme.
Pourrais-tu supporter la faim des jours entiers,
Déchirer tes pieds nus aux cailloux des sentiers ?
Sous l'ardeur du soleil et de la nuit obscure,
Avoir l'herbe pour lit, le ciel pour couverture ?
Manger le fruit tombé, boire l'eau du torrent ?
Marcher, toujours marcher, ne dormir qu'en courant ?
Te glisser nuitamment des camps aux citadelles ?
Recevoir sans crier le feu des sentinelles ?
Suivre partout les blancs, sans te trahir pour eux ?
Le pourrais-tu, dis-moi ?

ADRIENNE.

Je puis ce que tu veux !
* De mes forces d'enfant mon cœur est la mesure ;
* Je vaincrai le sommeil, la soif et la nature.
* Mon oncle, nul effort n'est au-dessus de moi,
* Nul miracle, excepté de m'éloigner de toi !

TOUSSAINT.

Mais si dans nos chemins un jour tu tombais lasse ?

ADRIENNE.

Ah ! j'attendrais la mort, et je te dirais : Passe !

TOUSSAINT.

Eh bien ! tu me suivras, ô magnanime enfant !
Tu seras de mes nuits le manteau réchauffant,
Le bâton de mes mains, la lampe de ma route !

ADRIENNE.

Oh ! je serai ta fille, et c'est assez !

TOUSSAINT.

Écoute

Le projet dans mon sein comme la foudre éclos.
Tu sais quels ennemis nous ont vomi les flots?
Tu sais que par la main de lâches ou de traîtres,
Déjà du port de l'île ils se sont rendus maîtres?...
Tant qu'ils n'ont pas Toussaint, ils n'ont rien; pas d'effroi :
Le corps n'est rien sans l'âme et l'âme ici c'est moi !
Je médite contre eux des retours, des désastres
Aussi grands que la mer, aussi haut que les astres !
Je veux les attirer, ces mangeurs de café,
Ainsi que le boa par sa proie étouffé.
* Mes projets sont trop noirs pour que ton œil y luise,
* Mais il faut que ta main au terme les conduise !
* Il faut être invisible et présent comme Dieu
* Sur tous les points de l'île, aux deux bouts, au milieu.
Des marches des Français, il faut transpercer l'ombre,
Connaître leurs desseins, leur manœuvre, leur nombre ;
M'assurer, par mes yeux, si de nos faux amis
Nul ne pactise à l'ombre avec nos ennemis ;
Il faut changer d'habit, de métier, de langage :
Je sais, quand je le veux, transformer mon visage,
Je puis, sans placer même un bandeau sur mes yeux,
Feindre d'avoir perdu la lumière des cieux:

* Ma prunelle, à mon gré, rentrant sous ma paupière,
* N'est plus qu'un globe blanc où s'éteint la lumière ;
* Sans être reconnu par le plus clairvoyant
* Je puis tendre à l'ami la main du mendiant,
Et prenant une voix qui ressemble à mon rôle,
Bélisaire des noirs, leur arracher l'obole.
Pour éclairer ma marche et soutenir mes pas,
Il me faut un enfant : c'est toi qui le seras !
Va quitter ces habits pour la pagne grossière
Qu'a déchiré le temps, que souille la poussière ;
Fais-toi semblable en tout à cet enfant flétri
Que sur les grands chemins la misère a maigri,
* A qui l'on jette un pain que dans ses pleurs il trempe ;
* Que ton beau cou fléchisse et que ton pied nu rampe.
* Moi, je vais au moyen d'herbes au suc rongeur
* Des sillons de ma peau raviver la rougeur,
* Étaler sur mon dos, tout saignant de blessures,
* Du fouet et du bâton les antiques morsures,
* Et pour m'insinuer sous ce costume abject
* Inventer un récit conforme à mon aspect !
Ne rougis pas pour moi de la supercherie :
Tout rôle est glorieux à qui sert la patrie !

ACTE II, SCÈNE IX.

* Ne me crois pas flétri de montrer sur mes os
* Le sceau de l'esclavage imprimé sur mon dos.
* Je bénis, mon enfant, ces témoins d'infamie,
* S'ils servent à tromper une race ennemie.
* Oui, par tous ces tourments, à l'esclave infligés,
* La liberté sera payée et nous vengés !
* Hâtons-nous, va chercher la plus vile dépouille
* Parmi ces malheureux que la vermine souille ;
* Va, le jour qui menace et qui va se lever,
* Dans ces lieux, mon enfant, ne doit plus nous trouver.

Il l'embrasse sur le front et ils sortent.

FIN DU DEUXIÈME ACTE.

ACTE TROISIÈME

PERSONNAGES.

TOUSSAINT LOUVERTURE.
SALVADOR.
ALBERT.
ISAAC.
LECLERC.
MOISE.
ROCHAMBEAU.
FRESSINET.
FERRAND.
BOUDET.
MADAME LECLERC.
ADRIENNE.
GÉNÉRAUX, OFFICIERS, AIDES DE CAMP, INGÉNIEURS, PIONNIERS, SOLDATS DE L'ARMÉE FRANÇAISE.

ACTE TROISIÈME

Un morne qui domine le Port-au-Prince et la mer compris dans l'enceinte des fortifications.— On travaille à élever un fort.— A gauche, des soldats dressent une tente pour le quartier général. — A droite, une misérable hutte en planches et en nattes vermoulues, adossée à un pan de murs en ruines. On voit des calebasses suspendues à la cabane.—Dans le fond, à gauche, un promontoire de rocher à pic sur la mer dominant un vaste horizon.

―――――――

SCÈNE PREMIÈRE

BOUDET, OFFICIERS, INGÉNIEURS, ARTILLEURS, PIONNIERS, SOLDATS.

BOUDET.

Que le pionnier en chef sur ces deux points s'aligne,
Bien ! De fondations tracez ici la ligne.

Artilleurs ! à ce tertre acculez le canon.
La gueule sur la ville et sur la plaine. — Bon !

> A un officier.

Du morne qui nous masque aplatissez la crête.

> A un autre officier.

De l'angle de l'escarpé aiguisez mieux l'arête.

> A un autre officier.

Vous, la pioche à la main, prenez les travailleurs :
L'œil à tout, soyez là quand on vous croit ailleurs.

> Aux soldats et aux pionniers en leur montrant des pelles et des pioches.

Enfants, pour ces outils, laissez la baïonnette,
Prenez en mains le pic, la pelle et la chaînette,
Bravez ce sol de lave, et ce soleil d'enfer,
La pioche ou le fusil, qu'importe, c'est du fer !

> Les soldats et les pionniers répondent par une acclamation et s'élancent à l'ouvrage.

SCÈNE DEUXIÈME

LES PRÉCÉDENTS, ROCHAMBEAU.

ROCHAMBEAU.

Eh bien, mon cher Boudet, comment va la journée ?

BOUDET.

A merveille ! Déjà l'enceinte est dessinée,
Le camp fortifié, sur ces hauteurs assis,
Entouré de remparts, de fossés, de glacis,
Offrira dès ce soir un asile à l'armée
Plus sûr que cette ville à peine désarmée,
Où la sédition, qui couve sous nos pas,
Menace d'autant plus qu'on ne l'aperçoit pas.
Le Français n'est pas fait pour cette guerre impie
Où la fourbe le mine, où la fuite l'épie,
Où dans les yeux baissés, dans les discours soumis,

Il lui faut soupçonner des desseins ennemis.

Sa valeur, confiante, au grand jour se déploie

Contre tous les dangers ; mais il faut qu'il les voie.

Il les verra d'ici. — Ce superbe plateau,

Piédestal naturel de l'antique château,

Déblayé des débris de ces vieilles murailles,

Donne un centre de bronze à nos champs de batailles.

Voyez ! — La ville, ici, palpitante à nos pieds,

Avec ses monuments par notre œil épiés,

Dont la moindre rumeur monte à nos sentinelles ;

Là, soixante vaisseaux au port pliant leurs ailes,

Surveillant l'Océan et dormant sans danger

Sous le vol du boulet qui va les protéger.

* De ce côté la mer, sous la côte concave,

* Battant de flots grondants ce rocher qu'elle lave,

* Rempart de mille pieds où son écume fond,

* Abîme de granit dont la vague est le fond ;

Et là, jusqu'à la grève où le fleuve serpente,

La terre s'abaissant par une douce pente,

Comme pour engager l'assaillant à monter

Au devant du canon, s'il l'osait affronter.

* On dirait que cette île, où ce morne se dresse,

*D'elle-même a produit sa propre forteresse ;
*Mais que l'art de la guerre a su faire servir
*Les remparts naturels du noir à l'asservir.

ROCHAMBEAU, examinant de l'œil le site.

Certes, du gouverneur ce camp comble l'attente.
Il est impatient...

BOUDET.

Tenez, voici la tente.
Avant que son palais soit en pierre achevé,
Ce palais de coutil pour lui s'est élevé.
Il veut, dès aujourd'hui, qu'en ces lieux on installe
Le quartier général. On prépare la salle
Où l'on s'assemblera pour le premier conseil.
Il faudrait, pour lui plaire, arrêter le soleil.
Mais, je vois ses plantons poudroyer sur la route ;
Ne perdons pas de temps, venez voir la redoute.

Ils s'éloignent.

SCÈNE TROISIÈME

TOUSSAINT, ADRIENNE.

TOUSSAINT, sortant comme à tâtons de son ajoupa, soutenu par Adrienne, fait quelques pas vers le milieu de la scène et lui dit à demi-voix.

Que font-ils?

ADRIENNE.

Ils s'en vont.

TOUSSAINT.

De quel côté?

ADRIENNE.

Là-bas
Où vous voyez briller.....

TOUSSAINT, lui secouant fortement le bras.

Chut! chut! je n'y vois pas

ACTE III, SCÈNE III.

ADRIENNE, à part.

O mon Dieu! pardonnez, si j'oubliais mon rôle!
Mon oncle a suspendu sa vie à ma parole.
O ciel! mets sur ma bouche, ô Dieu! mets dans mon sein
La prudence et la nuit de son profond dessein!

TOUSSAINT.

Pense que ton pays est perdu par un geste.

ADRIENNE.

Oh! je pense à vous seul. Que m'importe le reste!

TOUSSAINT.

Qu'ont-ils dit?

ADRIENNE.

Qu'aujourd'hui le gouverneur français
Habiterait ce fort d'inabordable accès;
Qu'à défaut de palais, cette tente dressée
Serait...

TOUSSAINT.

La Providence accomplit ma pensée!

J'ai deviné la place et j'arrive au moment;
Je saurai leurs projets avant leur mouvement.
L'aigle obéit au doigt et s'abat sur le piége...
Ils viennent me traquer, c'est moi qui les assiége...
Silence et l'œil ouvert: l'aveugle mendiant
Aura lu jusqu'au fond au cœur du clairvoyant.

ADRIENNE.

Mais, mon oncle, en ces lieux pensez-vous qu'on respecte
D'un vieux noir inconnu la cabane suspecte?
Ils vont la balayer comme ces fils impurs
Que la pauvre araignée a tissés sur les murs;
Ces trois lambeaux de natte à côté de leur tente
Saliront à leurs yeux cette enceinte éclatante.
Ils vont bien loin d'ici nous repousser du pied.

TOUSSAINT.

Non, plus les cœurs sont fiers, plus ils ont de pitié.
Le Français confiant mord vite à cette amorce;
De l'obstination tu connaîtras la force.
Comme un chien sans asile, insensible à l'affront,
Je défendrai mon gîte... Ils me le laisseront.

ACTE III, SCÈNE III.

D'ailleurs, on est humain aussi par politique;
Un rien peut allumer la colère publique :
Lorsque la tyrannie oppresse de son poids
Tout un peuple, à sa haine il suffit d'une voix.
Ils redoutent des noirs le calme encore farouche,
Si je crie un peu haut, ils fermeront ma bouche.
Mais, viens, retirons-nous. — Je vois sur le chemin
Un groupe s'avancer. — Conduis-moi par la main,
Mesure sur mes pas les tiens et fais en sorte
Qu'on me voie entrer là. — Toi, demeure à la porte.

> Il se glisse dans la cabane. — Adrienne reste assise à la porte et allume du feu sur trois pierres pour faire cuire des patates dans un vase d'argile ébréché.

SCÈNE QUATRIÈME

SALVADOR, ISAAC, ALBERT, ADRIENNE.

Isaac arrive le premier, s'élance en courant sur le promontoire, et montre du geste à son frère les montagnes lointaines.

ISAAC.

Oh! vois-tu donc, Albert, cette montagne bleue
Avec ce grand vallon qui fuit de lieue en lieue,
Et ce fleuve écumant qui blanchit au-dessous?...
Tiens! j'entends son bruit sourd qui monte jusqu'à nous.

ALBERT, avec un geste d'impatience.

Bah! c'est le bruit du vent dans ces faisceaux d'armures.

ISAAC.

Non, car l'odeur des bois monte avec ses murmures.

Ne vois-tu pas là-bas ces pins à l'horizon,
Dont la tête est semblable au toit d'une maison ?
Sous leurs grands parasols comme la place est sombre !
O Dieu ! si je pouvais me rouler à leur ombre !
Mais nous sommes ici comme les colibris
Que dans les bananiers souvent nous avons pris,
Dont nous mettions la cage au bord de la fenêtre
Pour leur faire mieux voir le ciel qui les vit naître,
Et qui, s'ils essayaient de franchir l'horizon,
Se déchiraient leur plume au fer de leur prison.

ALBERT, avec colère.

Leur prison ! — Veux-tu bien perdre cette habitude.
Quelle enfance, Isaac, ou quelle ingratitude !...
Quoi ? du premier des blancs petits noirs adoptés,
Recueillis par sa main, grandis à ses côtés ;
Habiter les palais d'où ses peuples débordent,
Que les ambassadeurs en s'inclinant abordent ;
Alliés des Français, être libres comme eux,
Recevoir les leçons de leurs maîtres fameux ;
Être aux yeux du consul la semence féconde
D'où ses profonds desseins germeront sur le monde,

Et qu'il veut sous ce ciel d'hommes déshérité
Verser à son moment avec la liberté ;
Pour nous civiliser, empruntés à nos pères ;
Revenir apporter la science à nos frères ;
Déchirer le bandeau de superstition
Que dépouille à nos yeux la grande nation ;
Être appelés d'en bas pour mieux voir la lumière
Dans cette Europe en feu qui la vit la première ;
Enfin être envoyés par l'homme notre appui,
Pour réconcilier notre race avec lui ;
Comblés par lui d'honneurs et de reconnaissance,
Vivre auprès de sa sœur, belle de sa puissance,
Plus belle encor des dons que répand son aspect
Et qui consumerait sans l'abri du respect :
Voilà ce que ta bouche appelle un esclavage !...
Va ! tu n'es qu'un enfant !... Va ! tu n'es qu'un sauvage !...

ISAAC.

Tu me grondes toujours, mon frère, c'est bien mal !
Tu parles comme un blanc, aussi !... mais c'est égal,
Je t'aime malgré toi, malgré ce ton sévère,
De tout le souvenir qui m'attache à mon père.

ACTE III, SCENE IV.

ALBERT.

Je t'aime aussi, vois-tu ! moi, d'une autre amitié.
Mais pourquoi me fais-tu souvent honte ou pitié?
Pourquoi ton âme tendre, aux regrets obstinée,
Ne grandit-elle pas avec la destinée?
J'ai beau te l'expliquer, tiens, tu n'écoutes pas !

ISAAC.

Si, j'écoute, vois-tu, mais mon âme est là-bas.

En lui montrant l'horizon.

ALBERT.

Toujours avec les noirs !

ISAAC.

     Toujours avec l'image
Que du toit de roseaux emporta mon jeune âge !
Père, mère, Adrienne et tous ceux que j'aimais !

> Au nom d'Adrienne, celle-ci laisse tomber de ses mains la corbeille et les patates ; elle se lève en sursaut, s'approche et écoute de près avec tous les signes du plus vif intérêt, à demi-cachée par la toile de la tente.

ISAAC, poursuivant.

Que les palais des blancs n'effaceront jamais!

Il s'en va en boudant.

ADRIENNE, à voix basse et convulsivement.

Elle court vers l'ajoupa.

Adrienne?... Mon nom?... Deux jeunes noirs!... O maître! Regardez!... Écoutez!...

TOUSSAINT.

Qui?... Quoi?...

ADRIENNE.

Vos fils, peut-être!

Toussaint soulève d'une main le lambeau de nattes de la cabane; il tend machinalement ses bras vers ses enfants et il écoute dans l'attitude de l'espion antique.

ALBERT.

Reviens donc, Isaac. Allons, parlons raison.

ISAAC, courant de l'autre côté de la scène et regardant un autre côté de la campagne éloignée.

Oh là! quel coup au cœur!... Albert! tiens, la maison!

Ah! tu ne diras pas cette fois que je rêve!

Lui indiquant du doigt un point à distance.

Là-bas, bien loin... bien loin... où le brouillard se lève...
N'y vois-tu pas reluire un reflet de soleil
Sur un mur?... sur un toit au nôtre tout pareil?...

ALBERT, ému et regardant aussi.

O ciel! quel œil perçant que l'œil de la mémoire!
Oui! c'est là le Limbé sur la rivière Noire!...

ISAAC, avec transport.

Et le pré des Citrons avec la haie autour!...
Et l'église aux flancs gris que surmonte la tour!...
Et sous le noir hangar la chaudière allumée!...
Et les dattiers pliants que voile la fumée!...

Il bat ses mains l'une contre l'autre.

Oh! réjouissons-nous, tout est comme autrefois!

Les deux frères s'embrassent en pleurant.

ALBERT.

O mon père!

ISAAC, criant de toute la force de sa voix, comme pour la porter aussi loin que son regard.

O ma mère! entendez-vous nos voix?
C'est Isaac! c'est moi! c'est lui qui vous appelle!

TOUSSAINT, s'élançant involontairement les bras tendus vers ses enfants.

Me voilà, mes enfants!...

ADRIENNE, l'arrêtant et lui mettant la main sur la bouche.

Arrêtez!

TOUSSAINT, revenant à lui.

Je chancelle.
Entendre un cri pareil et n'y répondre pas!...

ADRIENNE, lui montrant Salvador qui se rapproche de la scène.

Veillez sur votre cœur et retirez vos pas.

Toussaint rentre poussé par Adrienne dans la cabane.

SALVADOR, aux enfants.

Que regardez-vous donc, enfants, sous le nuage?
Et pourquoi cachez-vous ces pleurs où votre œil nage?

Répondez !

ISAAC.

Oh ! monsieur, vous ne voyez donc pas
Ce vallon vert, ce fleuve et ce clocher, là-bas ?

SALVADOR, imitant ironiquement une voix d'enfant.

Une église, un clocher, voyez le beau mystère !
Mais la sottise humaine en a couvert la terre.

ISAAC, indigné.

Vous n'avez donc jamais connu votre maison,
Ni regardé son toit fumer à l'horizon ?

SALVADOR, fièrement.

Je ne connais ni toit, ni foyer, ni famille ;
Ma maison est partout où le nom français brille !
Mais pourquoi faisiez-vous cette réflexion ?

ALBERT.

C'est que nous croyons voir notre habitation,
Le Limbé...

ISAAC, amèrement à son frère.

Nous croyons !... Je la vois bien, peut-être !

ALBERT, à Salvador d'un ton d'excuse.

Le pays de mon père et qui nous a vus naître.

SALVADOR, avec dérision.

Oui, les lieux adorés où sur le seuil des blancs
Un conducteur fouettait les esclaves tremblants ;
Le toit de notre enfance où d'un lâche esclavage
Nous faisions en naissant le doux apprentissage ;
Où la verge et la corde étaient nos bons parents.

ISAAC, vivement.

Dites où notre père a fait fuir les tyrans !
Où sous sa juste main sa race enfin prospère...

SALVADOR, d'un ton insultant.

Ne vous vantez pas tant, petits, de votre père ;
Il faut savoir, avant de nous parler de lui,

ACTE III, SCÈNE IV.

S'il sera des Français le rival ou l'appui.

ALBERT.

Oh! mon père est Français ! je le sens à mon âme !
De son patriotisme il m'a transmis la flamme.
Le parti de ses fils sera toujours le sien.

ISAAC, à demi-voix.

Le parti de mon père à moi sera le mien.

SALVADOR.

Qu'attend-il, cependant, pour se rendre au plus vite
A cette conférence où la France l'invite?
Pourquoi ce labyrinthe où se cachent ses pas?
Quand le cœur est pressé, le pied n'hésite pas.

ISAAC, avec une naïveté menaçante.

Je suis sûr qu'il viendra quand il faudra paraître.

TOUSSAINT, ému et d'une voix sourde qu'on entend de dessous
la cabane.

Bien! mon sang ! Il viendra trop tôt pour eux peut-être !

ISAAC, à son frère.

S'il nous savait ici !...

ALBERT.

Déjà nous l'aurions vu...
Mais ce débarquement pour lui fut imprévu.

A Salvador.

On dit que voyageant vers l'autre bout de l'île
Vos messagers n'ont pu découvrir son asile;
Qu'ils arrivent toujours alors qu'il est parti.

SALVADOR.

Nos messagers sont noirs et sont de son parti.
Toujours la perfidie est fertile en excuse;
Où l'audace lui manque elle appelle la ruse.
Dans le cœur ulcéré de ce peuple avili,
La vérité toujours est sous le dernier pli.

Il s'éloigne avec dédain vers le fond du théâtre.

ISAAC, à Albert.

Peux-tu souffrir, Albert, que ce blanc, face à face,
Outrage notre père ainsi dans notre race?

Ah! va! si j'étais grand et soldat comme toi,
Il ne parlerait pas comme il fait devant moi!

ALBERT, à Isaac.

* L'habitude de vivre au sein de l'esclavage
* Donne aigreur à la voix et rudesse au langage.
* Il faut lui pardonner ces traces d'autrefois,
* Car il nous aime au fond.

ISAAC, avec mépris.

     * Oui, mais à tant par mois!

ALBERT.

C'est l'ami du consul, guide tendre et sévère
Qu'il choisit de sa main pour nous servir de père.

ISAAC.

* C'est un vieux conducteur de noirs, dépossédé
* Du troupeau qu'à sa verge un maître avait cédé;
* Qui pour ses cruautés s'est fait chasser de l'île,
* D'où, comme un oppresseur, la liberté l'exile.
Vrai geôlier du consul, froid verrou dans sa main,

Qui nous garde aujourd'hui, qui nous vendrait demain !

Plus bas et d'un ton mystérieux.

Albert! tu ne sais pas à quoi l'on nous destine ;
Ta partialité pour ces blancs te domine...
On dit...

ALBERT, impatienté.

Eh! que dit-on? et que ne dit-on pas?

ISAAC.

Une vieille négresse à moi m'a dit tout bas :
« Défiez-vous de lui ! Je le connais ; cet homme
« Ne porte pas ici le vrai nom qui le nomme ;
« Mais il n'a pu changer ni son cœur ni ses traits.
« Les nègres dans leur haine ont gardé ses portraits.
« De ses atrocités les horribles histoires
« Font encore à son nom frissonner leurs mémoires.
« Il méprisait le sang, il profanait l'amour ;
« Amant, persécuteur et bourreau tour à tour,
« Plus d'une belle esclave, à sa mère ravie,
« Perdit entre ses bras l'honneur et puis la vie.

« Une d'elles, choisie entre ce jeune essaim,
« Portait de son amour le gage dans son sein ;
« Il vendit, en partant, l'enfant avec la femme.
« Le monstre en ricanant mangea ce prix d'une âme.
« L'esclave abandonnée expira de douleur ;
« La fille survécut, pauvre enfant de couleur
« Confiée au hasard ; une main inconnue
« En prit soin. Nul ne sait ce qu'elle est devenue !... »

ALBERT, contrefaisant ironiquement le ton d'Isaac.

Oui ! mystère d'horreur, et contes d'ogres blancs
Que les vieilles partout chuchotent aux enfants !...
Allons donc, Isaac ! vraiment, n'as-tu pas honte
De répéter ainsi tout ce qu'on te raconte ?
Crois-tu que le consul, second père pour nous,
L'homme à l'œil infaillible et qui plane sur tous,
Pour ramener ses fils au père véritable
Eût fait choix dans sa cour d'un pareil misérable ?
Pour le juger ainsi que tu le connais peu !

ISAAC.

Qui sait de quels desseins il nous a fait l'enjeu ?...

Sa grandeur est, dit-on, toute sa conscience.
Que veux-tu? je n'ai pas en lui ta confiance.

ALBERT, avec enthousiasme.

S'en défier serait un outrage sanglant.
Bonaparte est mon dieu!

ISAAC.

Bonaparte est un blanc!

Ils se séparent avec des marques d'impatience mutuelle. — Toussaint, à demi caché par la natte de la tente, contemple ses fils avec une tendresse farouche. Il fait de temps en temps des mouvements involontaires et convulsifs qui font remuer la natte qui le couvre.— Adrienne lève les yeux sur Toussaint, met un doigt sur sa bouche et le contient.

SALVADOR, se rapprochant d'Albert, sur le devant de la scène.

Pourquoi donc, mes enfants, ces marques de colère?
Voyons! que disiez-vous?

ALBERT.

Demandez à mon frère.

ACTE III, SCÈNE IV.

SALVADOR, à Isaac qu'il rappelle.

Allons, venez ici, répondez-moi... Plus près...
Je n'aime pas, enfants, ces entretiens secrets.
* On pleure, on s'attendrit, on rêve une patrie,
* On devient moins Français, moins homme.. Niaiserie !
* Qu'importe sous quel ciel le soleil nous a lui !
* Le consul, comme Dieu, veut que tout soit à lui.

ISAAC.

Nous parlions du consul.

SALVADOR.

C'est l'homme du mystère.
Il faut, devant ce nom, adorer ou se taire.
Quand on en dit du bien, est-ce qu'on parle bas ?
Vous en disiez du mal, Isaac, n'est-ce pas ?
Il vous couvre partout de sa sollicitude,
Et vous n'avez pour lui que de l'ingratitude.
C'est bien mal ! Votre frère a le cœur différent ;
Il aime le héros.

ISAAC.

C'est que mon frère est grand.

10.

Les souvenirs d'enfant sont loin de sa mémoire ;
Moi, j'aime mes parents.

SALVADOR.

Il faut aimer la gloire !
Imiter votre frère et porter dans le cœur
D'une ignoble nature un sentiment vainqueur.
* Ce dévouement sublime aux volontés d'un homme
* Qui n'a plus ici-bas de titre qui le nomme,
* Devant qui les devoirs de passé, d'avenir
* Se résument en un : admirer et servir.
Mais pour ces sentiments il faut de grandes âmes,
Des cœurs qui ne soient pas trempés du lait des femmes,
Des yeux forts où le jour de ce grand siècle ait lui,
Une poitrine d'homme !... Albert le comprend, lui !
* Il ne pleurniche pas comme un enfant qu'on sèvre,
* Il n'a pas comme vous que du lait sur la lèvre,
* Il n'a pas toujours l'œil sur le nid dont il sort ;
* Son esprit s'élargit au niveau de son sort.
Digne de ce grand drame auquel il participe,
Il aime le consul de cœur et de principe :
C'est le monde qu'en lui son cœur croirait trahir.

Quand le maître est un dieu, la gloire est d'obéir !
N'est-ce pas, mon Albert ?

ALBERT.

A ces mots mon cœur vibre.
Mon père m'a fait homme et lui seul m'a fait libre ;
* Au rang de citoyen il m'a donné l'accès :
* Sans patrie ici-bas, il m'a créé Français ;
* Ses bontés m'ont ouvert, dans ma vile indigence,
* Le monde de la gloire et de l'intelligence.
Il a fait pénétrer dans mon obscurité
Le jour éblouissant de toute vérité.
Dans l'esclavage abject dont mon sang fut l'emblème,
Il m'a dit : Sois l'égal des blancs et de moi-même.
Ses sages respectant en moi l'humanité,
M'ont appris leur sagesse et leur fraternité !
Comme un germe futur de quelque grande chose,
Que l'on prend dans la main, qu'on plante et qu'on arrose,
Il m'a vivifié d'un souffle réchauffant
Pour grandir tout un peuple, un jour, dans un enfant :
Il veut faire de nous le nœud du nouveau pacte
Qu'avec l'autre univers le vieux monde contracte.

Le noir civilisé, devenu citoyen,
Confondra de Toussaint le nom avec le sien.
Ah ! que sa volonté dans son sort soit bénie !
Comprendre un grand dessein, c'est s'unir au génie !

SALVADOR.

Voilà parler, mon fils !
A Isaac.
Tu ne comprends pas, toi.

ISAAC.

Vous savez que mon frère a plus d'esprit que moi.

SALVADOR.

Votre raison aussi grandira, je l'espère.

ISAAC.

Oh ! je l'aimerai bien, s'il nous rend à mon père.

SALVADOR, à part.

Mon père ! et puis toujours mon père ! Enfant borné,
Qui ne saurait laver le sang dont il est né.

Haut.

Sachez, monsieur, que l'homme à qui l'on doit la vie
Est moins que l'homme à qui l'on doit une patrie.
Le hasard donne un père, on ne le choisit pas :
On choisit le héros, on s'attache à ses pas ;
*En suivant le sentier que sa gloire nous trace,
*On foule, sans les voir, sa famille et sa race,
*On s'élève avec lui jusques à des splendeurs
*D'où l'œil n'aperçoit plus ces viles profondeurs.
On est homme, monsieur, on n'est plus fils ou frère !
Pour moi, si le consul luttait avec mon père,
J'arracherais mon cœur s'il battait incertain
Entre l'homme de chair et l'homme du destin.

ISAAC, bas avec dégoût.

Cet homme fait horreur !

SALVADOR.

Enfants, voilà la gloire !

ALBERT.

Il est un plus beau sort, ah ! laissez-nous-le croire !

C'est de confondre, enfin, dans un égal amour,
Le héros et le père à qui l'on doit le jour ;
D'être, en les rapprochant, le nœud qui les rassemble,
D'aimer les deux en un, de les servir ensemble
Et de faire à la fois, en les réunissant,
Le bonheur de sa race et l'honneur de son sang.
Mais je vois s'avancer sa sœur et son cortége,
Elle monte un cheval aussi blanc que la neige :
Comme ses cheveux noirs, à chaque mouvement,
Découvrent à demi son visage charmant !
L'animal semble aimer le frein qui le manie :
C'est la grâce des blancs dont il est le génie.

SALVADOR.

Le général Leclerc accompagne ses pas.

SCÈNE CINQUIÈME

LES PRÉCÉDENTS, BOUDET, MADAME LECLERC, LECLERC, FRESSINET, ROCHAMBEAU, FERRAND, GÉNÉRAUX, OFFICIERS, AIDES DE CAMP, SOLDATS.

Les officiers et les généraux arrivent successivement sur la scène. — Le général Leclerc, accompagné de ses aides de camp, passe au fond du théâtre, inspecte d'un coup d'œil rapide son état-major et sort. — Madame Leclerc, en costume d'amazone, entre accompagnée de deux dames d'honneur et suivie de deux petits nègres qui tiennent la queue de sa robe. — Les officiers se retirent et suivent le général.

MADAME LECLERC.

Oh ! quel camp pittoresque ! Oh ! que je suis contente
De monter à cheval, d'habiter une tente !
Qui l'aurait jamais cru ?... Comme ils seront surpris
Et jaloux quand ils vont le savoir à Paris !

A une des femmes qui l'accompagnent.

C'est bien plus séduisant encor que Cléopâtre.

Ils représenteront cette scène au théâtre ;
Ils peindront sous mes traits la seconde Vénus,
Se mêlant aux guerriers comme au bord du Cydnus,
Adoucissant le joug qu'impose ici mon frère
Et conquérant les cœurs quand il soumet la terre !
On fera mes portraits, on dira : La voilà !

Aux enfants.

C'est pourtant vous, petits, qui me valez cela.
C'est pour ces vilains noirs que je hais,

Albert fait un geste de douleur.

Et que j'aime,

Elle se rapproche d'Albert et met la main sur son bras en souriant.

Que ce front, destiné peut-être au diadème,
Va ravir des soldats dans ce simple appareil,
Et, pour comble d'horreur, se hâler au soleil.
Je vous déteste bien, allez..... mais je pardonne,
Si la tente est jolie ; allons voir.

Madame Leclerc sort suivie de son cortége ; Albert et Isaac l'accompagnent.

ALBERT.

Qu'elle est bonne !

SCÈNE SIXIÈME

TOUSSAINT, ADRIENNE, SOLDATS,
puis MADAME LECLERC.

Quelques soldats, détachés des travaux du fort, marchent sur la cabane de Toussaint pour la démolir. — Adrienne se jette à leurs pieds.— Toussaint lève les bras vers eux et semble les supplier.

UN SOLDAT.

Ah! chien de moricaud!

UN AUTRE SOLDAT.

Ah! noirs et négrillons!
Allez au diable, allez planter vos pavillons!

ADRIENNE, joignant les mains.

Ah! messieurs — un aveugle! — hélas! si peu de place.
Où voulez-vous qu'il aille?... Oh! laissez-nous, de grâce!

UN SOLDAT.

Non, non, exécutez l'ordre des commandants ;
Tous les nègres dehors ! Point d'ordures dedans.

A un de ses camarades en tirant Toussaint dehors par ses haillons.

Il est plaisant, dis donc, ce lézard sans écailles
Qui croit que pour son trou l'on a fait ces murailles.

TOUSSAINT.

Non, nous mourrons ici.

ADRIENNE.

Prenez pitié de nous !

TOUSSAINT.

Par votre toit natal !

ADRIENNE.

J'embrasse vos genoux !

UN SOLDAT, secouant les lambeaux de la tente de Toussaint et ricanant.

Ah ! ah ! vieille araignée ! ah ! c'est là que tu couches ?

UN AUTRE SOLDAT à Toussaint.

Dans tes toiles, dis donc, crois-tu prendre des mouches?

UN AUTRE SOLDAT.

Va, tes meubles infects sont bientôt balayés.
Sapeurs, déménagez sa case avec les pieds.

<small>Les soldats se préparent à arracher les piquets de la tente.</small>

TOUSSAINT, embrassant les piquets de la tente pour les défendre.

Non! c'est le seul asile où s'abrite ma vie
Ensevelissez-moi dessous.

<small>MADAME LECLERC, revenant sur ses pas, suivie de l'état-major du général, et apercevant Toussaint aux prises avec les sapeurs.</small>

Qui donc s'écrie?
Quel tumulte indécent?... Que veut-on à ce noir?
Soldats! cessez ce jeu. Vous, Albert, allez voir.

<small>ADRIENNE, se faisant jour à travers les soldats, s'arrête un instant en voyant madame Leclerc; elle lève les mains, bondit vers elle, puis semble faire un effort sur elle-même, et dit à part:</small>

C'est elle dont Albert porte joyeux la chaîne!

Ah! plus qu'à sa beauté, je le sens à ma haine!
Si j'ecoutais mon cœur!... Mais pour sauver Toussaint
Faisons taire à présent mon amour dans mon sein!

Elle se jette aux pieds de madame Leclerc.

MADAME LECLERC.

Oh! la jolie enfant! Qu'avez-vous, ma petite?

ADRIENNE, faisant semblant de sangloter.

On arrache mon père à ce toit qu'il habite...
Aveugle et mendiant où conduire ses pas?
C'est le seul coin de terre à nous deux ici-bas.
Cette place était libre et pour nous assez bonne;
Hélas! nous n'y cachions le soleil à personne!
En glanant le maïs sur les sillons d'autrui,
J'y nourrissais mon père et j'y voyais pour lui.
Mais si l'on fait tomber le mur où je l'appuie,
Qui le garantira du vent et de la pluie?
Où le retrouverai-je en revenant le soir?

MADAME LECLERC, à part.

Vraiment, elle me touche avec son désespoir,

ACTE III, SCÈNE VI.

A Adrienne.

Quoi! votre père n'a que cet asile au monde?

A sa suite.

Quelle perle, pourtant, dans ce fumier immonde!

ADRIENNE, à Toussaint qu'elle fait approcher en le conduisant comme un aveugle.

Rendons grâces, mon père, à la bonté des blancs!
Laissez-moi devant eux guider vos pas tremblants...
Si vous pouviez la voir!

MADAME LECLERC, à part.

Mon Dieu! qu'elle est gentille!

A Toussaint.

C'est sans doute l'amour de sa pauvre famille.

TOUSSAINT.

Hélas! c'est le roseau que Dieu laisse à ma main!
Je n'ai qu'elle ici-bas et les bords du chemin;
On veut nous en chasser! Protégez-moi, madame;
Si belle de visage, on doit l'être de l'âme.
Que peut faire de mal un pauvre suppliant?

L'ivraie est à l'oiseau, la route au mendiant,
Le pied de l'aigle au ciel n'écrase pas l'insecte !

MADAME LECLERC, à sa suite.

Ce vieillard parle bien, je veux qu'on le respecte,
Qu'on lui laisse son gîte. — Entendez-vous, soldats ?

UN OFFICIER.

Mais, madame...

MADAME LECLERC.

Point de mais !

UN OFFICIER GÉNÉRAL.

Cela ne se peut pas ;
L'ordre du gouverneur est absolu.

MADAME LECLERC.

N'importe,
Si son ordre est cruel, je veux qu'il le rapporte.
A un aide de camp.
Priez le général de sortir un moment.
L'aide de camp sort et rentre presque aussitôt en ramenant le général Leclerc.

SCÈNE SEPTIÈME

LES MÊMES, LECLERC, GÉNÉRAUX, OFFICIERS, SOLDATS.

MADAME LECLERC.

Général, un seul mot!

LECLERC.

C'est un commandement.
Vous n'ordonnez jamais que le cœur n'obéisse.
A part à demi voix.
On fait toujours le bien, en faisant son caprice.

MADAME LECLERC, en souriant.

Pas tant de compliments; plus de soumission.
Je prends ce pauvre noir sous ma protection,
Entendez-vous? Je veux qu'on respecte son gîte :
Un roi dort sous le toit que l'hirondelle habite;

Son nid porte bonheur aux maîtres des palais.
L'aveugle a ses trois pas au soleil, laissons-les.

A part.

Cette enfant et son père ont remué mon âme.

LECLERC.

Qu'ai-je à vous refuser ?

A Toussaint et à Adrienne.

Remerciez madame.

Aux officiers de sa suite.

Laissez ce pauvre aveugle en paix sous ses haillons.

A sa femme.

Adieu, Pauline !

MADAME LECLERC.

Adieu !

Elle sort, suivie de son cortége.

LECLERC, à l'état-major.

Le conseil ! travaillons !

SCÈNE HUITIÈME

LES MÊMES, moins MADAME LECLERC.

La tente de l'état-major est ouverte sur la scène. — Des soldats apportent des tambours dont ils font une table recouverte de housses de chevaux. — Des papiers, des cartes, des plumes sont placés sur la table. — Le général Leclerc et cinq ou six généraux s'asseyent sur des caisses de tambour. — Isaac et Albert, assis derrière eux, assistent au conseil. — Les aides de camp, les officiers d'ordonnance sont groupés debout, un peu en arrière des généraux. — Les rideaux de la tente sont levés du côté de la cabane de Toussaint. — Il est assis à sa porte, appuyé sur l'épaule d'Adrienne qui fait semblant de coudre de vieux morceaux de nattes déchirées.

LECLERC.

Écoutons le rapport.

SALVADOR, lisant.

« La même incertitude

« Jette dans les esprits la même inquiétude.
« L'officier est pensif, le soldat mécontent;
« Le mulâtre, indécis, flotte; le noir attend.
« De nos détachements envoyés à distance,
« Aucun n'a rencontré la moindre résistance.
« De Toussaint, pas un mot; quand on met l'entretien
« Sur ce chef, on se coupe, ou l'on ne répond rien.
« Il tient nos éclaireurs toujours sur le qui-vive;
« On l'attend d'heure en heure, et jamais il n'arrive.
« Sans paraître, partout il se fait annoncer
« Comme un homme incertain qui craint de prononcer,
« Cependant, chaque nuit, des déserteurs sans nombre
« S'échappent des quartiers et se glissent dans l'ombre;
« Vers le centre de l'île ils se dirigent tous,
« Comme si quelque doigt marquait le rendez-vous.
« Un bruit court qu'au milieu de ces gorges profondes
« Que défendent les bois, les rochers et les ondes,
« Les mornes du Chaos, forts bâtis d'éléments,
« Sont les points assignés à ces rassemblements.
« Mais nul ne peut encore en dire davantage...
« L'avalanche se forme au-dessus du nuage!
« Pour remplir nos greniers, et pour armer nos forts,

* « L'escadre impatiente épuise ses renforts ;
* « La fièvre, tous les jours, nous réduit ; et l'armée,
* « Dans un cercle fatal, debout, mais enfermée,
* « Se rongeant sur ce sol qui s'ouvre sous ses pas,
* « Y cherche un ennemi qu'il ne lui montre pas ! »

LECLERC.

Parlez, messieurs, je vais écouter et débattre.

BOUDET.

Mon avis en deux mots : avancer et combattre !

FRESSINET.

Combattre ?... contre qui ? Tous les noirs sont soumis,
L'embarras est pour nous d'avoir des ennemis...
D'ailleurs, si par hasard la paix était sincère,
Vous en perdez le fruit en commençant la guerre :
Le grand volcan qui dort dans son calme profond
Éclate si l'on jette un grain de sable au fond !
Emparons-nous plutôt, sans brûler une amorce,
Des postes naturels où cette île a sa force.
Accoutumons ce peuple à nous voir hardiment

Ressaisir le pays et le gouvernement.

Des légitimes chefs reprenons l'attitude ;

L'obéissance, au fond, n'est rien qu'une habitude.

Commandons ! noirs ou blancs, le peuple est ainsi fait ;

Celui qu'il croit son maître est son maître en effet !

FERRAND.

Le conseil serait bon dans l'Europe asservie

A ces mille besoins qui composent sa vie,

* Où les peuples liés par leurs nécessités

* Sont des troupeaux humains parqués dans les cités.

* On possède un pays du haut des places fortes :

* Le peuple est à celui qui tient la clef des portes.

* Mais chez un peuple neuf la guerre a d'autres lois,

* Ses citadelles sont ses rochers et ses bois ;

* Si l'on avance, il fuit ; si l'on attaque, il cède.

* Ce qu'on foule du pied est tout ce qu'on possède...

Un seul moyen ici : ravagez les sillons ;

Fermez, murez ces champs avec nos bataillons !

La disette et le temps, mieux que vos projectiles,

L'amèneront dompté sous le canon des villes ;

Ils vous demanderont des chaînes et du pain !

ACTE III, SCÈNE VIII.

ROCHAMBEAU.

Oh ! des Français combattre un peuple par la faim !
De ces atrocités déshonorer l'histoire !...
La retraite vaut mieux qu'une telle victoire.
* Mais la France interdit la retraite à nos pas ;
* Quand on porte ses droits on ne recule pas.
* Écoutez : j'ai connu ce peuple encore esclave,
* J'ai vu l'île crouler sous sa première lave ;
Nos revers, nos succès m'ont appris à savoir
Où les noirs ont leur force et les blancs leur espoir.
Du nom de nation c'est en vain qu'il se nomme ;
Ce peuple est un enfant : sa force est dans un homme !
Ne combattez qu'en lui toute sa nation !
Mettez un prix sublime à sa défection !
* D'un pouvoir souverain présentez-lui l'amorce ;
* L'ambition fera ce que n'a pu la force :
* Tout cœur d'homme a sa clef par où l'on peut l'ouvrir,
* Il ne s'agit pour vous que de la découvrir.
* Vous la découvrirez : dans ces races sauvages,
* Le cœur en éclatant fait d'étranges ravages ;
* S'il se gonfle d'orgueil, s'il se brise attendri,

* L'homme de la nature est vaincu par un cri !
Profitez du moment où ce cœur double hésite,
Atteignez à tout prix ce chef qui vous évite,
Rassasiez ses sens d'attraits, d'ambition ;
Il vaut cela ! Cet homme est une nation !

LECLERC.

Comment le découvrir ? De tous ceux que j'envoie,
De sa retraite encor nul n'a trouvé la voie.
De mon âme à la sienne, il brise tous les fils.
Ces envoyés de paix, où l'aborderont-ils !

ROCHAMBEAU.

Où l'éléphant s'arrête, on voit passer l'insecte.
Si dans la main des blancs toute lettre est suspecte,
Cherchez pour la porter la main d'un mendiant
Noir, qui parmi les noirs se glisse en suppliant,
Et qui, jusqu'à Toussaint se frayant une route,
Cache à ses yeux trompés l'envoyé qu'il redoute.
Il secouera du pied le piége, irrésolu,
Mais il sera trop tard, le sauvage aura lu !

ACTE III, SCÈNE VIII.

LECLERC.

Mais où trouver ce noir, qui, pour un vil salaire,
De l'âme de Toussaint affronte la colère ?
* Quel misérable, assez abandonné du sort,
* Pourra mettre en balance un salaire et la mort ?
* Le fond de la misère a-t-il un pareil être ?
* Dans quel égout chercher ?...

ROCHAMBEAU.

Sous votre main, peut-être.

En montrant Toussaint.

Voyez sous ces haillons cet aveugle accroupi
Qui rêve un os rongé comme un chien assoupi ;
Traînant, les yeux éteints, des jours prêts à s'éteindre,
Du courroux de Toussaint, hélas ! que peut-il craindre ?
Par l'offre d'un trésor tentez son cœur surpris ;
Il irait aborder le tonnerre à ce prix !

LECLERC.

Qui ? ce pauvre vieillard que protége Pauline ?
Qu'il approche.

A part.

Souvent sa bonté m'illumine,

Souvent la destinée aime à récompenser
Par un succès le bien qu'elle m'a fait penser !

Haut.

Je veux l'interroger.

A un aide de camp.

Allez, qu'on l'introduise,
Et que sans crainte ici sa fille le conduise.

SCÈNE NEUVIÈME

LES PRÉCÉDENTS, TOUSSAINT, ADRIENNE.

Toussaint, conduit par Adrienne, affecte tous les signes de respect
et de crainte.

TOUSSAINT.

Ciel! où me conduit-on?... Ma fille, où sommes-nous?...
Grâce! grâce! bons blancs!

LECLERC.

Vieillard, rassurez-vous.
La main qui vous dérange et qui vous importune
Est peut-être pour vous la main de la fortune.
Vous êtes...

TOUSSAINT.

Devant qui?

ADRIENNE.

Quel terrible appareil!

LECLERC.

Devant le gouverneur et devant son conseil.

TOUSSAINT.

Devant le gouverneur? O ciel! quelle surprise!
Moi, que l'esclave insulte et que le chien méprise!
Que me veut-il?... Le pied des puissants d'ici-bas,
S'il voit le vermisseau, l'écrase sous son pas!

LECLERC.

Ne craignez rien, ami!... Dans l'Europe éclairée
Par ses nouvelles lois la misère est sacrée.
* L'homme est frère de l'homme, et le front du puissant
* Devant l'humanité grandit en s'abaissant!
* Entre le mendiant et le riche, la France
* Ne met dans son amour aucune différence.
Qui sert la république est grand devant ses yeux.
Voulez-vous la servir?

TOUSSAINT.

Aveugle, infirme et vieux,
Prêt à rentrer sous terre, où le vent me secoue,

ACTE III, SCÈNE IX.

Ne raillez pas, du moins, l'insecte dans la boue !

LECLERC.

Moi, railler un aveugle ? Ah ! pauvre homme ! c'est vous
Dont le mépris alors devrait tomber sur nous.

TOUSSAINT.

En quoi puis-je pourtant servir la république,
Moi, qu'un pauvre enfant mène ?

LECLERC.

                      Écoutez ! je m'explique :
Plus vous êtes obscur, infirme, humilié,
Plus dans votre poussière on vous foule du pié,
Plus vous pouvez servir l'œuvre qu'elle consomme :
Le pied qui rampe à terre est la base de l'homme ;
Le cadran brille à l'œil et cache un vil ressort...
J'ai des secrets profonds d'où dépend votre sort,
Et le sort de l'armée et du monde peut-être,
A faire parvenir à Toussaint, votre maître.

TOUSSAINT, à part.

Votre maître !

LECLERC.

Un pareil message a du danger ;
Je n'y puis employer la main d'un étranger ;
Il faut qu'un noir, cachant le mystère qu'il porte,
Traverse l'île entière et franchisse l'escorte,
Et remette à Toussaint, dans sa fuite surpris,
La lettre dont la mort est peut-être le prix.
S'il meurt, la république adoptera sa fille ;
S'il revient, tous les blancs seront de sa famille.
Sur le trésor public fixant son entretien,
La France lui fera le sort d'un citoyen.
Réfléchissez, vieillard ?

TOUSSAINT.

C'est presqu'un suicide,
Mais je pense à ma fille et son sort me décide.
Si le prix de mon sang lui doit être payé,
Mon cœur d'aucun péril ne peut être effrayé.
J'irai !

ROCHAMBEAU.

Noble vieillard !

TOUSSAINT.

Mourir sera ma joie!

LECLERC.

Connaissez-vous celui vers qui je vous envoie?

TOUSSAINT.

Quoique si loin de nous et si haut parvenu,
De lui-même, je crois, il n'est pas plus connu.
Sous le même ajoupa le hasard nous fit naître,
Nous avons vingt-huit ans servi le même maître,
Et par les mêmes fouets nos bras encore ouverts
Gardent dans leurs sillons la dent des mêmes fers.

ROCHAMBEAU, à part.

La voix de ce vieillard est vibrante et sauvage,
L'âme étincelle encor sous la nuit du visage :
Il semble bien choisi pour un hardi dessein.

LECLERC.

Quel sentiment pour nous nourrit-il dans son sein?

TOUSSAINT, frémissant.

Quel sentiment pour vous ?... S'il vous hait, s'il vous aime!

LECLERC.

Oui, répondez.

TOUSSAINT, lentement et méditant sa réponse.

Peut-être, il l'ignore lui-même.
De la haine à l'amour flottant irrésolu
Son cœur est un abîme où son œil n'a pas lu,
Où l'amer souvenir d'une vile naissance
Lutte entre la colère et la reconnaissance.
Le respect des Français du monde triomphants,
L'orgueil pour sa couleur, l'amour de ses enfants
L'attrait pour ce consul qui leur servit de père,
Leur absence qu'il craint, leur retour qu'il espère,
La vengeance d'un joug trop longtemps supporté,
Ses terreurs pour sa race et pour sa liberté,
Enfin, l'heureux vainqueur de ses maîtres qu'il brave,
Le noir, le citoyen, le grand homme et l'esclave,
Unis dans un même homme en font un tel chaos
Que sa chair et son sang luttent avec ses os,

Et qu'en s'interrogeant lui-même il ne peut dire
Si le cri qu'il contient va bénir ou maudire.
Les généraux se regardent avec étonnement et effroi.
Soudain sera l'éclair qui le décidera :
Mais, quel que soit ce cri, le monde l'entendra.
Les généraux paraissent de nouveau se troubler.
Ne vous étonnez pas, Français, de ces abîmes
Où le noir sonde en vain ses sentiments intimes.
Comme le cœur du blanc, notre cœur n'est point fait :
La mémoire y grossit l'injure et le bienfait.
En vous donnant le jour, le sort et la nature
Ne vous donnèrent pas à venger une injure ;
Vos mères, maudissant de l'œil votre couleur,
Ne vous allaitent pas d'un philtre de douleur.
Dans ce monde, en entrant, vous trouvez votre place,
Large comme le vol de l'oiseau dans l'espace.
En ordre, dans vos cœurs, vos instincts sont rangés ;
Le bien, vous le payez, le mal, vous le vengez.
Vous savez, en venant dans la famille humaine,
A qui porter l'amour, à qui garder la haine :
Il fait jour dans votre âme ainsi que sur vos fronts.
La nôtre est une nuit où nous nous égarons,

Lie abjecte du sol, balayure du monde,
Où tout ce que la terre a de pur ou d'immonde,
Coulant avec la vie en confus éléments,
Fermente au feu caché de soudains sentiments,
Et, selon que la haine ou que l'amour l'allume,
Féconde, en éclatant, la terre, ou la consume.
Nuage en proie au vent, métal en fusion,
Qui ne dit ce qu'il est que par l'explosion !...

ROCHAMBEAU.

Quel langage !

BOUDET.

On entend dans cette voix profonde
La lave qui bouillonne et l'Océan qui gronde.

ROCHAMBEAU.

Quelle race pourtant que celle où le soleil
Jette de tels accents dans un homme pareil !

LECLERC.

Revenons à Toussaint. Aime-t-il sa patrie ?

ACTE III, SCÈNE IX.

TOUSSAINT, avec une audace mal contenue.

Sauriez-vous donc son nom s'il ne l'avait chérie ?

LECLERC.

Sa femme ?

TOUSSAINT, s'oubliant un moment.

Il n'en a plus... les monstres !

Se reprenant soudain.

Pardonnez ;
Je répétais les noms qu'il vous avait donnés.
Les blancs ont fait mourir de faim dans la montagne
L'esclave dont l'amour avait fait sa compagne.

LECLERC.

Ses enfants ?

TOUSSAINT, avec un transport mal contenu.

Ses enfants ! ses fils ?... Oh ! demandez
S'il aime ses rameaux au tronc que vous fendez !
Quoi donc ! n'aime-t-on pas dans toute race humaine

La moelle de ses os et le sang de sa veine?...
Ses enfants! s'il les aime? Ah! s'il vous entendait!...

Avec indignation.

Il ne répondrait pas si Dieu le demandait!

Un repos.

Pour qui donc le plus vil, le dernier de sa race
Osa-t-il regarder la tyrannie en face?
Pourquoi donc, secouant un joug longtemps porté,
A-t-il joué son sang contre la liberté?
Pourquoi donc, ranimant une argile engourdie,
Épuisa-t-il son souffle à souffler l'incendie?
Était-ce donc pour lui, lui déjà vieux de jours,
Séparé de la mort par quelques pas bien courts,
Et qui voyant la tombe où le noir se repose,
Ne se fût pas levé tard pour si peu de chose?
Non, c'était pour laisser à ses fils après lui
Le jour dont pour ses yeux le crépuscule a lui;
C'était pour qu'en goûtant ces biens qu'il leur espère,
Dans leur indépendance ils aimassent leur père,
Et qu'en se souvenant de lui dans l'avenir,
Ils mêlassent leur gloire avec son souvenir.

ACTE III, SCÈNE IX.

ALBERT, bas à Isaac.

Il pleure.

ISAAC, bas à Albert.

Et moi mes yeux se mouillent à ses larmes.

TOUSSAINT, s'apercevant que sa sensibilité l'a trahi.

Voilà comme il parlait quand il courut aux armes.

LECLERC.

Continuez.

TOUSSAINT.

Ses fils ! ah ! je les vois encor
Grandir autour de lui, couvés comme un trésor ;
Ils étaient deux — l'un noir, l'autre brun de visage,
Égaux par la beauté, mais inégaux par l'âge.
L'un se nommait Albert, l'autre Isaac. Tous deux
Répandaient la lumière et la joie autour d'eux.
Ses genoux, de leurs jeux continuel théâtre,
Rassemblaient sur son cœur le noir et le mulâtre ;
Baisant leur doux visage, il aimait tour à tour,
Albert comme sa nuit, l'autre comme son jour,

Et cherchait sur leurs fronts, sous ses larmes amères,
La ressemblance, hélas! de leurs deux pauvres mères.
L'un était son Albert ; Albert, son premier-né,
Aux nobles passions semblait prédestiné ;
Toussaint aimait en lui les reflets de son âme,
L'orgueil dans ses regards jetait de loin sa flamme ;
L'autre, Isaac, son frère, on aurait dit sa sœur,
Pauvre enfant, d'une femme il avait la douceur !
Il embrassait son père avec tant de tendresse
Que Toussaint se sentait fondre sous sa caresse,
Il disait à l'enfant souriant dans ses bras :
« Albert sera ma gloire et toi tu m'aimeras. »

Avec attendrissement.

Pauvres petits, hélas! qu'ont-ils fait de leur grâce ?
Il me semble les voir et que je les embrasse.

En étendant les bras.

Isaac! mon Albert!... Pardon, je les aimais
Comme un père... Oh ! Toussaint, les verras-tu jamais!

A ces mots, Albert croit reconnaître l'accent de son père ; il se lève comme en sursaut de la table où il était accoudé, la tête sur ses mains, et fait un mouvement instinctif comme pour répondre et pour s'élancer.

ACTE III, SCÈNE IX.

ALBERT.

Je croirais, si la vue aux sons était pareille,
Que la voix de mon père a frappé mon oreille...

ISAAC, s'approchant de Toussaint.

Vous nous connaissez donc?

SALVADOR, aux enfants.

Silence! ou parlez bas.

TOUSSAINT, ouvrant convulsivement ses bras à Isaac pour l'embrasser et les refermant soudain par réflexion.

Qu'avez-vous dit?... Moi!... Vous!... Je ne vous connais pas!

LECLERC, à Salvador.

Écartez cet enfant qui trouble sa réponse.

On écarte un peu l'enfant.

Du retour de ses fils s'il recevait l'annonce;
Si, pour prix de la paix rendue à ces climats,
La France remettait ses enfants dans ses bras,
Mettrait-il en balance, à ce don d'une mère,
L'ambition du chef et le bonheur du père?

TOUSSAINT.

Ses enfants?... Oh! je sens!...
Il se reprend soudain.

Je crois qu'en ce moment
Il donnerait le ciel pour leur embrassement!

LECLERC, à Rochambeau

La plume, général?
A Toussaint.

Vous, attendez là.

SCÈNE DIXIÈME

LES PRÉCÉDENTS, UN AIDE DE CAMP, MOISE.

UN AIDE DE CAMP fend la foule pour pénétrer vers l'état-major.
Il conduit par la main le général Moïse.

> Place !
Place ! messieurs ! Voyez, c'est un ami qui passe.

Les rangs s'ouvrent, l'aide de camp amène le général Moïse
au gouverneur; qui se lève.

Un des généraux noirs vient de passer à nous
Avec son corps d'armée... Il est là... devant vous.

LECLERC.

Votre nom, général ?

MOISE.

Le général Moïse,
Le neveu du Toussaint.

LECLERC.

Quelle heureuse surprise!

MOISE.

Le neveu de Toussaint dans ses secrets admis,
Oui, mais l'ami juré de tous ses ennemis!
Ce tyran de nos maux a comblé la mesure,
Et mon patriotisme a vaincu la nature.
L'orgueil a corrompu ce chef ambitieux,
Et tyrans pour tyrans, les plus grands valent mieux!
Je viens pour vous servir en servant ma vengeance!
Parlez, avec ses chefs je suis d'intelligence;
Tous ses projets par moi vous seront révélés
Comme si vous étiez dans ses conseils.

LECLERC.

         Parlez!
Quels sont ses vrais desseins?

MOISE.

         De combattre la France.

LECLERC.

Pour la liberté?

MOISE.

Non, pour lui!

LECLERC.

Son espérance?

MOISE.

De lasser par le temps l'armée, et de l'user
Comme on use le fer qu'on ne peut pas briser.

LECLERC.

Sa tactique?

MOISE.

Le temps.

LECLERC.

Ses manœuvres?

MOISE.

La ruse,

Ce doute qu'il prolonge et dont il vous amuse,
Un invincible esprit absent, présent partout,
Ce peuple prosterné, mais à sa voix debout,
Son secret renfermé dans l'ombre de son âme,
Haïti tout entier en composant la trame.

LECLERC.

Après lui quelle main en tient le premier fil?

MOISE.

Aucune.

LECLERC.

En quels déserts Toussaint se cache-t-il?
Par quelle embûche, enfin, le contraindre à se rendre?

MOISE.

Entourer son repaire, et la nuit l'y surprendre.

LECLERC.

Qui le découvrira?

MOISE.

Moi!

ACTE III, SCÈNE X.

LECLERC.

Vous!... Quel digne prix
A ce service immense aux blancs avez-vous mis?

MOISE.

Aucun... Je puis moi seul me payer.

LECLERC.

Homme étrange!
Quoi!...

MOISE.

Je ne trahis pas, général, je me venge!

LECLERC.

Achevez... Quel indice à moi seul désigné
Guidera nos soldats vers le but assigné?
Hâtez-vous! Indiquez l'antre caché de l'île
Où l'on peut étouffer l'hydre dans son asile.

> A ces mots, Toussaint, par un mouvement insensible et comme en rampant sur lui-même, s'approche par derrière du général Moïse, sans que l'état-major y prenne garde. — Le général Moïse regarde avec précaution autour de lui, comme un homme qui craint d'être entendu par un espion.

Parlez ! ne craignez rien, nos officiers sont sûrs.

MOISE, à voix basse.

C'est qu'il est des secrets qui transpercent des murs!

Après avoir de nouveau regardé à droite et à gauche, sans voir Toussaint qui se baisse tout à fait derrière lui.

Écoutez ! — Au milieu de ces montagnes sombres
Que d'épaisses forêts revêtent de leurs ombres,
Séjour inaccessible à tous les pas humains,
Où les lits des torrents tracent les seuls chemins,
Sous un antre fermé par des pins et des hêtres...

LECLERC.

Il est là ?...

TOUSSAINT, se dressant de toute sa hauteur devant Moïse, laisse couler à ses pieds ses haillons, ses yeux reparaissent, il tire un poignard de sa ceinture et le plonge dans la gorge de Moïse, en s'écriant :

Non ! il est partout où sont les traîtres !

Moïse tombe la main sur la table du conseil. On se précipite pour saisir Toussaint ; mais, à la faveur de la confusion, il s'élance en trois bonds sur la pointe du rocher qui forme le cap élevé sur la mer derrière la tente du conseil, et se lance dans les flots. — Des soldats arrêtent Adrienne.

ACTE III, SCÈNE IX.

* L'état-major s'élance à sa poursuite vers le rocher et regarde l'abîme avec des gestes de colère et de surprise. — Des soldats accourent, gravissent le promontoire et font feu sur Toussaint.

* LECLERC.

* Son corps s'est-il brisé sur l'angle du récif?

* ROCHAMBEAU, regardant et parlant lentement.

* Non... Le voilà qui nage... Il démarre un esquif...
* Il déferle une voile... Il ouvre ses deux rames...
* Il fuit... Il disparaît sous l'écume des lames.

* LECLERC, aux officiers.

* Vite au port!... A la voile!... Allez!... Gagnez au vent!...
* Qu'on le prenne à la mer!... Courez.... Mort ou vivant!

FIN DU TROISIÈME ACTE.

ACTE QUATRIÈME

PERSONNAGES.

LE PÈRE ANTOINE.
SALVADOR.
ALBERT.
ISAAC.
SERBELLI.
ADRIENNE.
Soldats de l'armée française

ACTE QUATRIÈME

Un vaste et sombre souterrain servant de prison sous les casemates du fort dans le camp français. — A gauche, de lourds piliers portent la voûte et interceptent çà et là la lumière qui tombe des poternes. — A droite, une porte basse et grillée en fer au haut d'un escalier humide et obscur. — Dans le fond une grille fermée sur une cour. — Dans cette cour une porte sur laquelle est écrit en grosses lettres : *Ambulance*.

SCÈNE PREMIÈRE

ADRIENNE, assise sur un peu de paille, est enchaînée par les pieds et par les mains à un des piliers.

Est-ce un lieu de supplice?... un cachot?... une tombe?...
Ah! puisqu'il a péri qu'importe où je succombe...
Voir le fils que j'adore entraîné par les blancs,
Le père fugitif, proscrit par ses enfants!

Moi-même partager mon cœur que je déchire
En deux moitiés de moi, pour aimer ou maudire !
L'une à Toussaint et l'autre à ses fils !... Oh ! quel sort !
Ensevelissez-moi, ténèbres de la mort !

SCÈNE DEUXIÈME

ADRIENNE, SALVADOR, SERBELLI.

Adrienne est assise, les mains sur ses yeux, abîmée dans ses émotions. — On voit entrer à droite, par l'escalier, Salvador accompagné de son frère ; ils causent ensemble à voix basse dans le compartiment du souterrain plus éclairé à droite du spectateur, séparés du souterrain d'Adrienne par d'énormes piliers.

SERBELLI.

Voilà notre ambulance, et voici les sentines
Où pourrissent du camp vices, indisciplines.

Il montre le souterrain à gauche.

SALVADOR.

Le général en chef me demande un rapport

Sur ces lieux, sur l'hospice... Et c'est un coup du sort,
Car c'est ici, je crois, qu'on jeta sous la porte
Ce serpent familier de Toussaint.

SERBELLI.

Que t'importe
Cette enfant ?

SALVADOR.

Mais beaucoup... D'elle je puis savoir
Les projets de Toussaint, la retraite du noir.
Quand un péril menace il n'est tel qu'un service
Pour changer en triomphe un moment de supplice.

SERBELLI.

Mais quel péril crains-tu ?

SALVADOR.

Quel péril ?... Ces gros murs
Ne répètent-ils rien ?... Sont-ils sourds, sont-ils sûrs ?

ACTE IV, SCÈNE II.

SERBELLI.

Aussi sourds que la pierre, aussi sûrs que l'oreille.

SALVADOR.

Ton sort dépend du mien : le soupçon nous surveille ;
Le général en chef me montre de l'humeur ;
On répand sur mon compte une vague rumeur,
On ose murmurer près de lui la menace,
On parle de départ, d'exil et de disgrâce ;
Il faut par un service éclatant dissiper
Ce nuage qui cherche à nous envelopper.

SERBELLI.

Je ne te comprends pas... Quel soupçon ?... quel service ?...

SALVADOR.

Je te dis que je marche au bord d'un précipice.
Leclerc m'a dit hier à l'ordre quelques mots
Qui d'un bruit général ne sont que les échos ;
Ils sont vrais, tu le sais, mais je croyais ma vie
Dans les plis de mon cœur cachée, ensevelie,
L'envie a découvert un coin de vérité,

On me fait un forfait d'une légèreté ;
Les noirs, m'a dit Leclerc, parlent d'enfant perdue
Autrefois dans cette île et de mère vendue ;
Voyez, éclaircissez ces soupçons odieux :
La France doit cacher tout scandale à leurs yeux.
De votre nom, du nôtre effacez cette tache ;
Découvrez cette enfant si cette île la cache,
Retrouvez cette mère, et par quelque bienfait
Rachetez tout le mal que vous leur auriez fait.
Faites bien l'examen de votre conscience,
Réparez, — à ce prix je mets ma confiance, —
Ou le consul instruit...

SERBELLI.

Et qu'as-tu pu répondre ?

SALVADOR.

En vain de son coup d'œil il a cru me confondre...
J'ai nié sans scrupule et sans rougeur au front ;
J'ai tâché d'égaler l'insolence à l'affront ;
J'ai juré que jamais, chez cette race abjecte,
Je n'avais profané ce cœur qui se respecte ;

Que nulle enfant d'esclave, en cet impur séjour,
N'aurait reçu de moi la honte avec le jour!...
Mes serments indignés ont scellé mon parjure;
Mais lui, feignant de croire et retirant l'injure,
M'a laissé lire au fond d'un oblique regard
Que sa crédulité n'était qu'un froid égard,
Qu'il soupçonnait encor même après cette épreuve,
Et que sa haine ardente épiait quelque preuve.

SERBELLI.

Existe-t-elle?

SALVADOR.

Oui!

SERBELLI.

Oui... Comment l'anéantir?

SALVADOR.

En sachant dérouter comme j'ai su mentir.

SERBELLI.

Qu'espères-tu?

SALVADOR.

Retrouver cette fille,
Reste égaré par moi d'une fausse famille.
Les noirs de sa retraite ont, dit-on, le secret.
Cours, va t'insinuer dans leur cœur, sois discret.

SERBELLI.

Mais les noirs de son sort savent-ils le mystère?

SALVADOR.

Oui ; va, feins d'exécrer le blanc qui fut son père,
Achète, au prix de l'or, l'enfant à ses gardiens,
Embarque-la sur l'heure à tout hasard, et viens
M'assurer que la mer avec cette bannie
Emporte tout témoin de mon ignominie.
Je me ferai bientôt un honneur d'un affront,
Et devant blancs et noirs je lèverai le front.

SERBELLI.

Mais cette enfant, son nom... quel est-il?

SALVADOR.

Adrienne.

ACTE IV, SCÈNE II.

SERBELLI.

Il suffit.

SALVADOR.

Hâte-toi.

SERBELLI.

Va, ta cause est la mienne.

SALVADOR.

Et moi sur cet hospice, où respire la mort,
Je vais au général préparer mon rapport.
Tu me retrouveras dans ce lieu solitaire.

Serbelli sort.

Je voudrais enfermer l'entretien sous la terre !

*Salvador ouvre la grille et traverse à pas lents la petite cour
pour entrer à l'ambulance.*

SCÈNE TROISIÈME

ISAAC, ADRIENNE.

On entend un léger bruit vers un soupirail. — Isaac se glisse à travers les barreaux et se précipite dans les bras d'Adrienne.

ISAAC.

Adrienne !

ADRIENNE.

Isaac !

Ils s'embrassent.

ISAAC.

O ma sœur !

ADRIENNE.

O mon ange !

ACTE IV, SCÈNE III.

ISAAC.

Elle !

ADRIENNE.

Lui !

ISAAC.

Nous !

ADRIENNE.

O rayon du ciel dans cette fange !

ISAAC.

Que dis-tu ?... Le cachot est un ciel avec toi.

ADRIENNE, l'éloignant et le rapprochant pour le mieux voir.

Oui, c'est bien lui !...

ISAAC.

Je pleure.

ADRIENNE.

Mon rêve ! embrasse-moi.

Mais comment as-tu fait pour découvrir ma tombe?
Pauvre petit! as-tu des ailes de colombe?
Pour venir apporter dans cet affreux séjour
Un rayon à mon cœur plus doux que ceux du jour!

ISAAC, naïvement.

Tu ne devines pas?

ADRIENNE.

Non.

ISAAC, en souriant.

Les barreaux des portes,
Qui gémissent si haut et qui roulent si fortes,
Ils sont faits contre l'homme et non contre l'enfant:
Moi, je passe à travers!... oui, mais en étouffant.

ADRIENNE, l'embrassant.

Pour venir de Toussaint m'apporter les nouvelles
Si le vent y passait j'embrasserais ses ailes!

ACTE IV, SCENE III.

Mais quel esprit caché t'a dit que j'étais là?

ISAAC.

L'esprit qui me l'a dit, tiens, vois-tu?... Le voilà.
Il montre son cœur.

Depuis l'éclair soudain de la scène imprévue,
Où près du mendiant je t'avais entrevue,
Je soupçonnais toujours et sans savoir pourquoi
Que l'enfant qui menait l'aveugle, c'était toi.
Sous ces haillons impurs qui flétrissaient tes grâces
Je t'avais reconnue et je suivais tes traces;
Je ne sais quel instinct me faisait te chercher
Pour savoir où les blancs avaient pu te cacher.
Ce matin, en jouant non loin des sentinelles,
Avec l'insecte d'or dont j'atteignais les ailes,
Fatigué de courir après eux, je m'assis
Tout seul au bord du camp, sur l'herbe du glacis;
Je regardais là-bas, là-bas dans les montagnes,
Bleuir l'Artibonite à travers les campagnes;
Je m'essuyais les yeux et je voyais mes pleurs,
Sans les sentir couler, dégoutter sur les fleurs...
Et puis je les fermais pour mieux voir, en moi-même.

Mon père, ma nourrice et toi... tous ceux que j'aime...
Le rêve était si clair et l'objet si présent
Que je vous embrassais, tiens! tout comme à présent.

Il l'embrasse.

Au milieu de l'extase où se brisait mon âme,
J'entendis tout à coup un triste chant de femme
Qui sortait du gazon, tout près, à quelques pas,
Faible, comme si l'herbe avait chanté tout bas ;
J'y collai mon oreille afin de mieux entendre ;
C'était ta voix, grand Dieu! ta voix mouillée et tendre ;
Tu chantais d'un cœur gros et d'angoisse étouffant,
Cet air avec lequel tu me berçais enfant,
Tu sais : « Dors, oiseau noir, le colibri se couche... »
Tout mon être à l'instant s'envola sur ta bouche !
Je me levai, je vis un large soupirail
Que voilaient l'aloës et l'herbe à l'éventail ;
Je plongeai mes regards dans ces ombres funèbres,
Mais je ne pus rien voir en bas que ces ténèbres ;
Je courus, je cherchai pas à pas tout le jour
A découvrir l'accès de ce morne séjour ;
Je vis enfin s'ouvrir, au fond d'une poterne,

Ce corridor voûté qu'éclairait un jour terne ;
Je t'aperçus, mon cœur dans ton sein s'envola !
Tu me tendis les bras, j'y fus !... et me voilà.

ADRIENNE.

Te voilà ! te voilà !... Oh ! fais voir ton visage,
Cher petit... embelli, mais non changé par l'âge;
De ces noirs souterrains affrontant l'épaisseur,
Courageux comme un frère et doux comme une sœur.

ISAAC.

Chère sœur !... Mais d'abord laisse que je délivre
Tes beaux pieds, tes beaux bras de ces anneaux de cuivre ;
Cruels anneaux ! par eux tes membres entravés...
Laisse-moi tenter... Non... l'un dans l'autre rivés...
Malheureux ! je ne puis seulement les détendre...
Hélas ! ma main d'enfant sur ce fer est trop tendre ;
Mais si mon frère... Oh oui ! j'y cours, comme autrefois.
Attends, nous revenons.

ADRIENNE.

          Et nous serons tous trois !

ISAAC.

Trois ! Ah ! c'est vrai ! lui seul doublera notre joie ;
Pour qu'elle soit complète, il faut qu'il te revoie.
Oh ! je cours le chercher.
Il s'élance vers la porte et revient avec quelque hésitation.
Oh ! qu'il sera content
De revoir cette sœur dont je lui parle tant !

ADRIENNE.

Dont tu lui parles tant... Lui donc n'en parle guère.

ISAAC.

Il m'en parle aussi, lui, mais d'un ton plus sévère,
Pour me gronder parfois avec un air moqueur
Des puérilités qui remplissent mon cœur.

ADRIENNE, *avec un désespoir étouffé.*

Quoi ! nos chers souvenirs, c'est ainsi qu'il les nomme !

ISAAC.

Oh! mais c'est que, vois-tu, mon frère est bien plus homme.
Les hommes ! nos bonheurs, c'est trop petit pour eux.
C'est égal, de te voir il sera bien heureux.

Attends-nous.

Adrienne, avec un air de reproche, lui montre les fers rivés à ses pieds.

Oh! mon Dieu, je t'ai fait de la peine.
Étourdi, laisse-moi baiser au moins ta chaîne.

Il embrasse les fers d'Adrienne.

Que c'est froid! que c'est lourd! ces fers glacent mes doigts.

Il s'échappe.

ADRIENNE.

Ah! les mots qu'il a dits sont plus durs et plus froids.

SCÈNE QUATRIÈME

ADRIENNE, seule.

Je vais donc le revoir... Lui!... moi!... bientôt ensemble!...
Lui!.. mais est-ce encor lui? Comme tout mon cœur tremble!
On dirait qu'il bondit... Misérable, et vers quoi?
Vers quelque froid coup d'œil qui va tomber sur toi,
Vers un de ces mots durs que l'embarras prononce,
Et dont la mort de l'âme est la seule réponse.
Ah! s'il fallait ainsi frémir de le revoir,
Ne valait-il pas mieux mourir sans le savoir?

SCÈNE CINQUIÈME

ADRIENNE, ISAAC, ALBERT, puis SALVADOR.

On entend limer et tomber un des barreaux de fer de la prison. Isaac saute le premier dans le souterrain ; il donne la main à son frère qu'il entraîne vers Adrienne. — Adrienne couvre plusieurs fois son visage avec ses mains comme craignant de voir Albert.

ISAAC, *laissant son frère à moitié chemin et sautant au cou d'Adrienne.*

Nous voilà !

Il s'aperçoit que son frère est resté en arrière comme indécis et n'osant approcher.

Mais viens donc !... mais fais donc comme moi !
Tu vois bien que l'anneau la retient loin de toi.
Elle ne peut... mais toi, qu'as-tu qui te retienne ?
Mais regardez-vous donc ? Quoi ! mon frère, Adrienne,
Muets l'un devant l'autre et sans lever les yeux !

Craindre de se revoir est-ce donc s'aimer mieux?

ALBERT, avec une affectation sensible en s'approchant
pour baiser la main d'Adrienne.

Craindre de se revoir!

ADRIENNE.

Se revoir et se craindre!
Albert! l'enfant l'a dit, lui qui ne sait rien feindre.

Elle serre convulsivement la main d'Albert dans ses mains
enchaînées.

Est-il vrai?... Trompe-moi... Non, non, non, dis-moi tout.
Si tu dois me tuer, que ce soit d'un seul coup.

ALBERT, agenouillé et regardant Adrienne.

Adrienne, Adrienne! oh! pourquoi d'un reproche
Empoisonner ainsi l'instant qui nous rapproche?

ADRIENNE, lui montrant du doigt les voûtes souterraines.

Ah! si le sort devait nous rapprocher un jour,
Était-ce ainsi, mon frère, et dans un tel séjour?
Moi dans ce noir cachot où l'on m'enterre vive,

Et toi l'ami des blancs dont je suis la captive !
Quoi ! tu ne rougis pas d'être libre en ces lieux,
Où la main des tyrans nous obscurcit nos cieux !

> Pendant ces derniers mots d'Adrienne, on voit Salvador entrer en se glissant dans le souterrain par une autre porte, et, caché à demi par l'ombre d'un pilier, il écoute.

ALBERT.

Pourquoi contre les blancs ces anciennes colères ?
Un préjugé de moins, ces tyrans sont nos frères.

ADRIENNE, montrant ses mains enchaînées.

Ta sœur est dans les fers, et c'est toi qui le dis !

ALBERT.

Dieu ! j'oubliais ! pardonne ! Oh ! oui, je les maudis !
Périssent mille fois ceux qui la profanèrent !
Honte et mort aux cruels dont les mains l'enchaînèrent !
Quoi ! sa beauté, ses pleurs n'ont pu les désarmer !
Quel crime as-tu commis ?

ADRIENNE.

Le crime de t'aimer !

ADRIENNE.

Mon Albert!... Être libre, et par toi! quel moment!...
Toussaint! voilà ton fils!

ALBERT.

Et voilà ton amant!

ADRIENNE.

Qu'as-tu dis?... Est-il vrai?... redis-le moi, prolonge,
Oh! prolonge l'extase où ce doux nom me plonge!
* Quoi! ces sinistres bruits d'orgueil ou de mépris,
* De sentiments cruels chez nos tyrans appris,
* C'étaient donc les terreurs de la crédule absence,
* Qui pour s'évanouir attendaient ta présence?
On avait donc menti! tu n'as rien oublié;
Ton cœur de mon amour n'est point humilié?
« Tu n'as donc pas rougi de cette pauvre noire,
« Qui faisait de son âme un trône à ta mémoire!
« Tu t'en ressouvenais de si haut, de si loin!...
« Oh! de l'entendre encor, mon Albert, j'ai besoin!
Oh! dis-moi, redis-moi ces doux noms de tendresse,
Dont le son pour mes sens est plus qu'une caresse,

« Ces noms que loin de toi je répétais souvent,
« Que savaient les déserts, la mer, les bois, le vent.
Oh ! dis-les et fuyons ! j'embrasse tes genoux,
Je t'entraîne à ton père, à l'amour.

SALVADOR, s'élance furieux de l'ombre du pilier qui le cache
et paraît comme un fantôme terrible entre les deux amants.

Taisez-vous !

A Adrienne.

Reptile venimeux à la langue de femme,
Qui lançais tes poisons à l'ombre dans leur âme,
Attends... dans ton venin ce pied va t'écraser.

A part.

Le foyer de la haine allait les embraser.
Séparons-les !

A Albert et à Isaac.

Sortez à l'instant !... Sentinelles,
Emmenez aux arrêts ces deux enfants rebelles.
Que l'on veille sur eux, — qu'on ne les quitte pas :
L'oreille à leurs propos et l'œil à tous leurs pas.

Les soldats entraînent les deux fils de Toussaint.

SCÈNE SIXIÈME

ADRIENNE, SALVADOR.

SALVADOR, se parle à lui-même en se promenant à pas rapides sur la scène.

Encore quelques mots de leur nid, de leur père,
Qu'envenimait si bien sa langue de vipère,
Et je perdais sur eux mon ascendant vainqueur !
Grand Dieu ! je l'ai perdu peut-être dans leur cœur !
A tout prix au conseil ma parole en doit compte.
Si j'y manquais... sur moi malheur, ruine et honte !
De cet amour grandi dans le sein d'un enfant
Puis-je être désormais le maître en l'étouffant ?
L'absence à cette fièvre est-elle un sûr remède ?
Non, il faut appeler le mépris à mon aide ;
Il faut que son orgueil, sa grande passion,
Rougisse, en y pensant, de cette émotion ;

ACTE IV, SCENE VI.

'Il faut plus... Oui, j'y songe. Il faut que dans la lie,
'Dans l'écume des camps profanée et salie,
'Cette fleur des déserts balayée à l'égout,
'Devienne aux yeux d'Albert un objet de dégoût !
Elle est jeune, innocente... oh ! le plaisant scrupule !
Quoi ! devant un remords, un grand dessein recule !
Cela m'arrêterait ?... Oh ! qu'importe après tout
Sur quoi l'on a marché quand on arrive au bout.

ADRIENNE, poussant un cri et tombant aux pieds de Salvador.

Mon Dieu ! je me meurs à ses pieds.

SALVADOR, la soulève évanouie et regarde le portrait.

      Songe ou vertige !...
Est-ce une vision qui sur mes yeux voltige,
Et qui réunissant des souvenirs épars
En compose un fantôme et raille mes regards ?
Dissipons ce fantôme en le fixant en face.
Devant l'œil bien ouvert tout miracle s'efface :
Regardons !

  Il s'avance vers le jour et regarde mieux.

  Encor moi ! Toujours moi, moi toujours !..

Oh! visible remords d'importunes amours!
Serait-ce?... oui, c'est moi, c'est bien l'habit et l'âge,
C'est bien là mon portrait... ce ridicule gage
D'un vil attachement, qu'en quittant ces climats
Je laissai plus léger que le vent dans mes mâts!
Comment est-il tombé dans ce hideux repaire
Où le vice enfermé n'a ni mère ni père?
Si c'était!... Dieu vengeur, quel étrange soupçon
Fait couler ma sueur que glace le frisson!
* Si sa mère... écartons l'inconcevable idée
Dont à ce seul aspect mon âme est obsédée...
* Si sa mère en mourant eût par un vœu secret
Au cou de l'orpheline attaché ce portrait,
Afin qu'un jour... (l'amour jamais ne désespère)
Elle pût rechercher et retrouver son père?
* Oui, de ma fuite ainsi le destin s'est moqué!...
Ce mystère autrement peut-il être expliqué?
Cette enfant... c'est ma fille, et dans ce gouffre infâme
Ce que je repoussais du pied... c'était mon âme!...

> A Adrienne en la soulevant de nouveau.

Oh! parle, ouvre les yeux.

ACTE IV, SCÈNE VI.

Adrienne fait un léger mouvement. — Le moine traverse la cour et ouvre la grille, puis reparaît bientôt sous le souterrain.

ADRIENNE.

C'est lui, je le revois.

SALVADOR, lui montrant le portrait.

Ce portrait, quel est-il ?

ADRIENNE.

Mon père ! rends-le-moi !

SALVADOR, égaré.

Son père !... Oh ! oui, c'est elle !... O crime ! impiété !
Ma fortune s'écroule au cri qu'elle a jeté !
* Ma honte dans mon cœur si longtemps endormie
* M'étouffe par sa voix sous ma propre infamie !
* Non, non, la voix du sang n'est pas un préjugé !
* Je niais le remords, le remords l'a vengé.
* Mon cœur est mon bourreau, ma fille est mon supplice.
* Qu'elle... ou bien qu'à jamais ma honte m'engloutisse !

> Il appelle.

* Mon frère!.. Il est parti!.. La mort!.. Mais c'est mon sang!
* Où perdre d'un forfait ce témoin renaissant?
Comment lui commander un éternel silence?
Où fuir?... où l'emporter?... On m'épie!...

> Le moine traverse le compartiment éclairé sous le pilier de droite.

Espérance!
Ce moine, par le sort envoyé dans ces lieux,
Peut sous sa sainte main soustraire à tous les yeux
Cette enfant arrachée à ce séjour de honte
Et dont nul à sa croix ne demandera compte.

SCÈNE SEPTIÈME

LES PRÉCÉDENTS, LE PÈRE ANTOINE.

SALVADOR.

O ministre sacré des charités de Dieu,
Approchez !... un bienfait vous conduit en ce lieu !
Osez-vous m'assister dans un pieux mystère,
Prêter à ma pitié votre saint ministère?

LE MOINE, épiant de l'œil Adrienne.

J'ose tout pour ravir une proie aux méchants.

SALVADOR.

Emportez cette enfant seul à travers les champs ;
Le grand air lui rendra sa force qui sommeille.
Trompez les yeux du camp et la garde qui veille ;
Descendez vers le port, demandez Serbelli,
Mon frère... portez lui ce dépôt et ce pli !

Il écrit deux mots sur des tablettes.

Un vaisseau doit partir... on sait... sa fuite est prête !
La bénédiction de Dieu sur votre tête !
Ne m'interrogez pas... vous saurez tout après.

LE MOINE, saisissant Adrienne sous son bras.

Je veux l'âme d'un ange et non pas vos secrets.
Fiez-vous à ma foi, je réponds !...

SALVADOR.

Point de trace
De ce pieux larcin, père !

LE MOINE, bas.

O Dieu ! je te rends grâce.

Il s'éloigne en entraînant Adrienne évanouie sous les plis de sa large robe.

SCÈNE HUITIÈME

SALVADOR, seul.

De quel pesant fardeau m'allége le hasard !
Cachons bien ce portrait perfide à tout regard ;
Ignorons par quel art cette enfant est conduite,
Qui parmi les soldats aura couvert sa fuite.
Accusons, le premier, l'or ou la trahison,
Qui font ainsi percer les murs d'une prison,
Et qui, du vieux Toussaint servant les stratagèmes,
Dérobent ses secrets à nos geôliers eux-mêmes.
* Les vents pendant ce temps emporteront au loin
* De ce drame inconnu l'invisible témoin.
* Mais mon frère est bien lent à remplir son message.
* Il cherche… et j'ai trouvé… Le voilà !

SCÈNE NEUVIÈME

SALVADOR, SERBELLI.

SALVADOR.

* Bon courage,
Mon frère! Le hasard m'a mieux servi que toi!
L'enfant que je craignais était là, devant moi!
De mes bras à l'instant un moine l'a reçue.

SERBELLI.

Un moine?...

SALVADOR.

A ses côtés tu l'auras aperçue.
Il te la conduisait. Retourne vite au port
La recevoir de lui... je t'écrivais... Il sort.

SERBELLI.

Un moine?...

ACTE IV, SCÈNE IX.

SALVADOR.

Oui.

SERBELLI.

Guidant une enfant toute blême,
Une fille en haillons et du trépas l'emblème.

SALVADOR.

Oui, te dis-je ; il allait la conduire au vaisseau
Muni de ce billet revêtu de mon sceau.

SERBELLI.

Au vaisseau?... vers le port?... à la mer?

SALVADOR.

Oui, te dis-je.
Mais tes yeux sont-ils donc possédés d'un vertige?
N'as-tu rien vu?

SERBELLI.

Grand Dieu ! dans quel piége imprévu?...

SALVADOR.

Qu'as-tu donc vu, cruel?...

SERBELLI.

Malheureux. J'ai trop vu!

SALVADOR.

Arrache-moi d'un mot à l'horreur de ce doute.
Ta parole me glace, elle me tue!

SERBELLI.

Écoute,
Tout à l'heure, en sortant du quartier général,
J'ai vu passer ce moine... au regard infernal!...
Une fille en haillons, mais pleine encor de grâce,
De son pied chancelant le suivait à la trace.
A peine hors des murs avaient-ils fait cent pas,
Qu'une troupe de noirs les attendent en bas,
Et, sortant tout à coup d'une obscure embuscade,
Les a reçus tous deux; alors la cavalcade,
Fuyant à toute bride avec les deux captifs,
Poussant des cris de joie, a gagné les grands ifs.

SALVADOR.

Dis-tu vrai?...

SERBELLI, lui indiquant la fenêtre

Tiens, regarde!...

ACTE IV, SCÈNE IX.

SALVADOR.

O crime! ô trahison!
Ce jour perd à la fois mon cœur et ma raison!
Devant eux, maintenant, comment oser paraître?...
Je passais pour cruel... je vais passer pour traître!
Espoir, ambition, tout est anéanti...
Ah! trop tard, devant Dieu, je me suis repenti!
Point de route en avant, point de fuite en arrière!
Ma fortune s'envole avec cette poussière!

FIN DU QUATRIÈME ACTE.

ACTE CINQUIÈME

PERSONNAGES.

TOUSSAINT LOUVERTURE.
LE PÈRE ANTOINE.
SALVADOR.
ALBERT.
ISAAC.
ROCHAMBEAU.
DESSALINES.
PÉTION.
ADRIENNE.
GÉNÉRAUX, OFFICIERS, SOLDATS DE L'ARMÉE DE TOUSSAINT ET DE L'ARMÉE FRANÇAISE, PEUPLE.

ACTE CINQUIÈME

Les mornes du Chaos, près la source de l'Artibonite, qu'on voit rouler en cascade derrière le plateau où le camp de Toussaint est assis. — Sur la droite de ce plateau, on voit les rochers aigus d'un morne plus élevé couvert de neige à son sommet. — C'est la Crête-à-Pierrot que Toussaint a fait fortifier. — Des arbres abattus, des ponts de bois jetés sur des précipices. — Des rocs accumulés, dressés en remparts, défendent cette formidable position retranchée. — Des vedettes, des sentinelles montrent çà et là leurs têtes et leurs baïonnettes. — Au-dessus des rochers la lune éclaire encore un peu le ciel. On voit poindre les premières lueurs du crépuscule à l'est.

SCÈNE PREMIÈRE

TOUSSAINT, LE PÈRE ANTOINE, DESSALINES, PÉTION, ADRIENNE, GÉNÉRAUX, OFFICIERS, SOLDATS DE L'ARMÉE DE TOUSSAINT, PEUPLE.

Toussaint est assis devant un tronc d'arbre renversé, recouvert d'une peau de panthère. — Les généraux noirs environnent Toussaint. —

Le moine a relevé son capuchon ; il essuie la sueur de son front.— Adrienne est accroupie à terre, le bras appuyé sur l'épaule de Toussaint. — Toussaint la regarde avec tendresse ; il passe de temps en temps la main sur les cheveux de la jeune fille.

TOUSSAINT, au moine.

Le Dieu qui d'Abraham prévint le sacrifice
M'a rendu mon enfant...

Montrant Adrienne.

Que son sang te bénisse !
Toi qui fus l'instrument et la main du Très-Haut.
Tu vois qu'il n'a pas pris son esclave en défaut !
J'ai livré tout saignant tout mon cœur pour mes frères,
Daigne à mon holocauste ajouter tes prières !
Qu'il achève pour moi tes bienfaits commencés !
Est-il père des noirs ? nous verrons !...

Le moine se retire les mains jointes et les yeux levés vers le ciel.
— Toussaint appelle d'un geste les généraux noirs et fait signe qu'on laisse approcher la foule.

ACTE V, SCÈNE II.

SCÈNE DEUXIÈME

LES PRÉCÉDENTS, moins LE PÈRE ANTOINE.

TOUSSAINT.

Avancez,
Mes enfants, mes amis, frères d'ignominie,
Vous que hait la nature et que l'homme renie;
A qui le lait d'un sein par les chaînes meurtri
N'a fait qu'un cœur de fiel dans un corps amaigri;
Vous, semblables en tout à ce qui fait la bête!
Reptiles!...

Avec fierté.

Dont je suis le venin et la tête!
Le moment est venu de piquer aux talons
La race d'oppresseurs qui nous écrase... Allons!
Ils s'avancent; ils vont, dans leur dédain superbe,
Poser imprudemment leurs pieds blancs sur notre herbe:

Le jour du jugement se lève entre eux et nous !
Entassez tous les maux qu'ils ont versés sur vous,
* Les haines, les mépris, les hontes, les injures,
* La nudité, la faim, les sueurs, les tortures,
* Le fouet et le bambou marqués sur votre peau,
* Les aliments souillés, vils rebuts du troupeau ;
* Vos enfants nus suçant des mamelles séchées,
* Aux mères, aux époux, les vierges arrachées,
* Comme, pour assouvir ses brutaux appétits,
* Le tigre, à la mamelle, arrache ses petits ;
Vos membres dévorés par d'immondes insectes,
Pourrissant au cachot sur des pailles infectes ;
Sans épouse et sans fils vos vils accouplements,
Et le sol refusé même à vos ossements !
Pour que le noir, partout proscrit et solitaire,
Fût sans frère au soleil et sans Dieu sur la terre.
Rappelez tous les noms dont ils nous ont flétris,
Titres d'abjection, de dégoût, de mépris ;
Comptez-les, dites-les, et dans votre mémoire
De ces affronts des blancs faisons-nous notre gloire !
C'est l'aiguillon saignant qui, planté dans la peau,
Fait contre le bouvier regimber le taureau ;

Il détourne à la fin son front stupide et morne,
Et frappe le tyran, au ventre, avec sa corne.
<small>Hourrah.</small>

* Vous avez vu piler la poussière à canon,
* Avec le sel de pierre et le noir de charbon?...
* Sur une pierre creuse on les pétrit ensemble ;
* On charge, on bourre, et feu ! le coup part, le sol tremble !
* Avec ces vils rebuts de la terre et du feu,
* On a pour se tuer le tonnerre de Dieu !
* Eh bien ! bourrez vos cœurs comme on fait cette poudre,
* Vous êtes le charbon, le salpêtre et la foudre !
* Moi, je serai le feu, les blancs seront le but...
* De la terre et du ciel misérable rebut,
* Montrez, en éclatant, race à la fin vengée,
* De quelle explosion le temps vous a chargée.
<small>Plus bas et avec beaucoup de gestes.</small>

Ils sont là !... là, tout près !... vos lâches oppresseurs !
Du pauvre gibier noir exécrables chasseurs ;
Vers le piége caché que ma main sut leur tendre,
Ils montent à pas sourds et pensent nous surprendre.
Mais j'ai l'oreille fine, et bien qu'ils parlent bas,
Depuis le bord des mers j'entends monter leurs pas.

Il fait le geste d'un homme qui écoute, l'oreille à terre.

Chut!... leurs chevaux déjà boivent l'eau des cascades,
Ils séparent leur troupe en fortes embuscades,
Ils montent un à un nos âpres escaliers...

Avec énergie.

Ils les redescendront avant peu par milliers !

Il montre un gros bloc de rocher détaché.

Que de temps pour monter ce rocher sur la butte !
Pour le rouler en bas, combien ?... une minute !...
Avez-vous peur des blancs ?...Vous, peur d'eux! et pourquoi
J'en eus moi-même aussi peur... Mais, écoutez-moi :
Au temps où m'enfuyant chez les marrons de l'île,
Il n'était pas pour moi d'assez obscur asile,
Je me réfugiai, pour m'endormir, un soir,
Dans ce champ où la mort met le blanc près du noir,
Cimetière éloigné des cases du village,
Où la lune en tremblant glissait sous le feuillage ;
Sous les rameaux d'un cèdre aux longs bras étendus,
A peine mon hamac était-il suspendu,
Qu'un grand tigre, aiguisant ses dents dont il nous broie,
De fosse en fosse errant, vint flairer une proie.

De sa griffe acérée ouvrant le lit des morts,
Deux cadavres humains m'apparurent dehors :
L'un était un esclave et l'autre était un maître !...
Mon oreille des deux l'entendit se repaître,
Et quand il eut fini ce lugubre repas,
En se léchant la lèvre, il sortit à longs pas.
Plus tremblant que la feuille et plus froid que le marbre,
Quand l'aurore blanchit, je descendis de l'arbre,
Je voulus recouvrir d'un peu du sol pieux
Ces os de notre frère exhumé sous mes yeux.
Vains désirs ! vains efforts ! de ces hideux squelettes
Le tigre avait laissé les charpentes complètes,
Et rongeant les deux corps de la tête aux orteils,
En leur ôtant la peau les avait faits pareils.
Surmontant mon horreur, voyons, dis-je en moi-même,
Où Dieu mit entre eux deux la limite suprême ?
Par quel organe à part, par quels faisceaux de nerfs,
La nature les fit semblables et divers ?
D'où vient entre leur sort la distance si grande :
Pourquoi l'un obéit, pourquoi l'autre commande ?
A loisir je plongeai dans ce mystère humain :
De la plante des pieds jusqu'aux doigts de la main,

En vain je comparai membrane par membrane,
C'étaient les mêmes jours perçant les murs du crâne ;
Mêmes os, mêmes sens, tout pareil, tout égal !
Me disais-je ; et le tigre en fait même régal,
Et le ver du sépulcre et de la pourriture
Avec même mépris en fait sa nourriture !
Où donc la différence entre eux ?... Dans la peur :
Le plus lâche des deux est l'être inférieur !
Lâches ? sera-ce nous ? et craindrez-vous encore
Celui qu'un ver dissèque et qu'un chacal dévore ?
Alors tendez les mains et marchez à genoux,
Brutes et vermisseaux sont plus hommes que vous !
Ou si du cœur des blancs Dieu vous a fait les fibres,
Conquérez aujourd'hui le ciel des hommes libres !
L'arme est dans votre main, faites-vous votre sort.

PETION.

Liberté pour nos fils et pour nous mille morts !

TOUSSAINT.

Mille morts pour les blancs et pour vous mille vies !
Les voici, je les tiens... Leurs cohortes impies

Sur nos postes cachés vont surgir tout à coup.
Silence jusque-là... puis, d'un seul bond, debout!
Qu'au signal attendu du premier cri de guerre,
Un peuple sous leurs pieds semble sortir de terre!...
Chargez bien vos fusils, enfants, et visez bien :
Chacun tient aujourd'hui son sort au bout du sien !
A vos postes !... Allez !

Ils s'éloignent. — Toussaint rappelle les principaux chefs et leur serre la main tour à tour.

A revoir demain, frère !
Ou martyrs dans le ciel, ou libres sur la terre !

Ils sortent.

SCÈNE TROISIÈME

TOUSSAINT, ADRIENNE.

Toussaint regarde ses lieutenants s'éloigner en levant les mains au ciel et en paraissant prier pour eux; puis il revient vers Adrienne, et, assis sur le tronc d'un arbre, il l'attire doucement près de lui.

TOUSSAINT.

Ah! laisse-moi, mon ange, avant le saint combat,
Reposer sur ton cœur ma vertu qui s'abat.
Hélas! j'enfante un peuple et, maudit sur la terre,
Seul, je n'ai pas d'enfant qui m'appelle son père!
Liberté de ma race, es-tu donc à ce prix,
Que pour sauver mon peuple, il faut perdre mes fils?...
Que pour sauver mes fils, il faut perdre ma race?...
Adrienne, où sont-ils? ô mon Dieu! grâce! grâce!...

Il me faut dépouiller tout sentiment humain,
Pour n'être plus, Seigneur, que l'outil dans ta main.

A Adrienne.

Un esclave affidé, sous le toit d'un créole,
Va conduire tes pas jusqu'à l'île espagnole.
Suis les pas de ce guide à qui je te remets,
Fuis ce fer et ce sang !

ADRIENNE, l'étreignant avec force.

Je vous l'ai dit : jamais !
Autant vaudrait-il dire au souffle de ton âme :
Sépare-toi du corps !...

TOUSSAINT.

O cœur mâle de femme,
Qui brise sans plier sous l'ouragan du sort,
Se retrempe au danger, s'affermit dans la mort !
Se peut-il que ce sein, premier berceau des braves,
Qui fait honte au héros enfanté des esclaves ?

Tu braveras le sang et la mort sans effroi?

ADRIENNE.

Mon œil ne verrait pas la mort derrière toi!

SCÈNE QUATRIÈME

LES PRÉCÉDENTS, ROCHAMBEAU, SOLDATS DE L'ARMÉE DE TOUSSAINT.

Les soldats amènent Rochambeau les yeux bandés à Toussaint.

UN SOLDAT NOIR.

Maître ! maître ! un espion !

UN AUTRE SOLDAT NOIR.

Pris vers la grande roche.

UN AUTRE SOLDAT NOIR.

Faut-il le fusiller ?

ADRIENNE, se jetant entre le blanc et le noir.

Oh ! pitié !

TOUSSAINT

Qu'il approche.

<small>Aux noirs.</small>

Détachez ce bandeau qui l'empêche de voir.

<small>On détache le bandeau. — A Rochambeau.</small>

Qui cherchais-tu ?

ROCHAMBEAU.

Toussaint.

<small>TOUSSAINT, s'indiquant lui-même.</small>

Regarde ce vieux noir...

ROCHAMBEAU.

Vous raillez...

TOUSSAINT.

Le vengeur d'un peuple qu'on outrage,
Dans son corps contrefait doit en être l'image !
Tu me trouves trop vieux, trop laid pour un héros ?
Plus le bois est noueux, plus il brise les os :
Parle, que me veux-tu ?

ROCHAMBEAU.

Mon général m'envoie

ACTE V, SCÈNE IV.

Apporter à ton cœur un message de joie.
Ces fils longtemps pleurés à qui tu tends les bras !...

TOUSSAINT, s'élançant avec transport.

Eh bien ! mes fils !... mes fils ?...

ROCHAMBEAU.

S'avancent sur mes pas.
De la fidélité, chez nous, nobles otages,
De la paix dans tes mains ils vont être les gages.
Ordonne aux postes noirs de les laisser passer,
Ils sont nos envoyés.

TOUSSAINT, à part.

Grand Dieu ! les embrasser
Et mourir !...

Aux noirs.

Allez, vous ! allez ! Qu'en ma présence !...
Que leur escorte passe et demeure à distance.

Indiquant un arbre isolé.

Tenez, là !...

A Rochambeau.

Vous ! courez hâter leurs pas tremblants,

Aux noirs.

Et vous ! mort à qui touche un seul cheveu des blancs!

Rochambeau et les noirs sortent.

SCÈNE CINQUIÈME

TOUSSAINT, ADRIENNE.

TOUSSAINT, très agité.

Adrienne, ils sont là, mes lionceaux !... Tous deux !...
Ah! tout mon cœur bondit et vole au-devant d'eux !
Je ne me sens plus chef, je ne suis plus qu'un père,
Père plus faible, hélas ! que la plus faible mère,
Qui sous le fer levé d'un cruel assassin
Serre et voudrait rentrer ses enfants dans son sein !

ADRIENNE.

Je vous l'avais bien dit, que le poison de gloire
N'avait pas pu tuer nos noms dans leur mémoire !
Qu'ils reviendraient au nid, en fidèles oiseaux,
Sitôt que de leur cage on romprait les barreaux.
Ils nous aiment...

TOUSSAINT.

Crois-tu ?

ADRIENNE.

Le fruit vient des racines...
Les blancs n'ont pas changé les cœurs dans leurs poitrines.

TOUSSAINT, à part.

Oui ; mais s'ils s'en servaient comme d'un traître appas,
Pour me percer le sein quand j'ouvrirai les bras?
Si, pendant qu'occupé d'un entretien si tendre,
Désarmé par l'amour ils venaient me surprendre?...
Contre le noir stupide ils se servent de tout ;
Ils font bêler l'agneau pour attirer le loup.

A Adrienne.

Écoute, mon enfant, pendant cette entrevue,
A défaut de Toussaint porte partout la vue.
Sur ces monts dominant tous les monts d'alentour,
Ce créneau de rocher surgit comme une tour ;
C'est ma tour des signaux, c'est de là que se dresse,
Pour les yeux de mes chefs, le drapeau de détresse.

ACTE V, SCENE V.

Drapeau noir comme nous, dont la couleur aux vents
Fait une tache au ciel comme nous aux vivants !...
Trente mille des miens, dont mon geste est l'étoile,
Ont les yeux attachés sur ce morceau de toile !
Immobiles, muets, et cachés l'arme au bras
Dans ces ravins profonds tant qu'il ne flotte pas,
Mais à son premier pli, si ma main le déploie,
S'élançant comme un tigre et croulant sur leur proie !...
Si l'on tend à mon cœur quelque piége inhumain,
Jures-tu d'élever ce signal dans ta main ?

ADRIENNE.

A ton moindre clin d'œil, je saurai me résoudre.
Pour toi, pour mon pays j'allumerai la foudre !

TOUSSAINT, l'embrassant.

O naïf héroïsme ! ô sublime vertu !

A part.

Digne sang de Toussaint, hélas ! où coules-tu ?
Entre mes fils et toi, Dieu ! quelle différence !

Il va chercher le drapeau noir et le lui remet roulé dans les mains.

Tiens, reçois dans tes mains ma vie ou ma vengeance;
Regarde, écoute, épie, observe et comprends tout;
N'expose pas ton corps au feu des blancs debout.
Mais dès qu'un bruit de pas, des voix, des feux, des armes
Jetteront dans ton cœur le moindre cri d'alarmes,
Préviens mon geste même, et d'un ou deux élans
Monte et déploie en haut ce noir linceul des blancs!

ADRIENNE, saisissant avec transport le drapeau et le pressant sur son cœur.

Aux transports paternels livre-toi sans contrainte.
La main qui tient ton sort ne connaît pas la crainte.

SCÈNE SIXIÈME

LES PRÉCÉDENTS, ALBERT, ISAAC, officiers, soldats de l'armée française, généraux, officiers, soldats de l'armée de Toussaint, peuple, puis SALVADOR.

L'escorte des enfants de Toussaint gravit les pentes du camp; on distingue Salvador à la tête des soldats.— Quelques officiers noirs arrêtent l'escorte à une distance convenable. — Un noir fait sortir Albert et Isaac des rangs; ils s'élancent en courant de toutes leurs forces vers Toussaint immobile qui leur tend les bras. — Toussaint se dégage pour les contempler; il reste comme enivré de leur vue.

TOUSSAINT, touchant la tête de ses enfants tour à tour.

O mes pauvres petits!

ALBERT, retombant dans son sein.

Ton Albert!

ISAAC, se levant sur la pointe des pieds.

Et moi, père?

ADRIENNE.

Je les vois!

ISAAC.

O miracle! Adrienne?

ADRIENNE, à tous deux.

O mon frère!

ALBERT.

Échappée aux cachots! ô joie!

TOUSSAINT, élevant les mains au ciel.

Et toi, leur mère,
Femme qui de douleur t'enfuis au firmament,
Oh! mêle-toi d'en haut à cet embrassement!

Ils se tiennent une seconde fois embrassés et groupés autour de Toussaint.

Moment surnaturel où mon âme ravie
Ressaisit dans mes bras toute ma jeune vie!...

Mes fils !... Est-ce bien vous dont je touche les fronts?

Il tombe à genoux.

Mettons-nous à genoux tous les quatre et pleurons !

Ses enfants se mettent à genoux comme lui.

Oh! oui, longtemps, longtemps, prolongeons cette extase!

A ses fils.

Faisons comme autrefois, vous savez?... dans la case!...
Quand nous nous retrouvions tous quatre réunis
Comme des passereaux réchauffés dans leurs nids...
Que la mère, mettant vos deux mains dans les siennes,
Vous faisait dire à Dieu vos oraisons chrétiennes,
Et les larmes aux yeux vous embrassait après !...

ISAAC.

Mère !...

ALBERT.

Elle n'est plus là...

TOUSSAINT, *un doigt sur sa bouche.*

Silence ! elle est tout près!

A ses fils.

Ces prières d'enfants, sur ses genoux priées,
Ne les avez-vous pas chez les blancs oubliées?

ALBERT.

Un peu, père.

ISAAC.

Moi, non!

TOUSSAINT.

                Dis-les, pauvre petit.
Quand je ferme les yeux, quand ta voix retentit,
Je la crois encor là! le doux temps recommence...

Avec délire.

Je suis au ciel, enfants! ou je suis en démence!...
Oh! mon Dieu! fais durer ces moments d'autrefois!

A Isaac.

Isaac! allons!

ADRIENNE, naïvement.

Lui n'a pas changé de voix.

ISAAC, à genoux et les mains dans celles de son père.

« Dieu descendu du ciel dans le sein d'une femme,
« Pour porter nos fardeaux, pour délivrer notre âme ;
« Dieu né dans une étable et mort sur une croix,
« Je prie en ton saint nom le père en qui tu crois !
« J'aime ta pauvreté, j'espère en ton supplice ;
« Par les gouttes de sang de ton divin calice,
« Sanctifie, ô Jésus ! sur le front du chrétien,
« Les gouttes de sueur qui découlaient du tien !
« Fais-nous par ton exemple honorer notre père,

Toussaint relève la tête avec orgueil.

« Fais-nous croître et souffrir les yeux sur notre mère !
« Donne-nous le repas des oiseaux du buisson,
« Le grain qui sur le champ reste après la moisson,
« Et, pour bénir l'état où tu nous as fait naître,
« Un bon père là-haut !... sur la terre un bon maître ! »

Toussaint se lève avec indignation ; ses enfants étonnés se lèvent
avec lui.

TOUSSAINT, avec force.

Un maître !... Qu'as-tu dit ?... Le nègre n'en a plus !

Ces mots sont effacés, ces temps sont disparus!...
Debout, enfants, debout, le noir enfin est homme!
Spartacus a brisé ses fers ailleurs qu'à Rome!
Un maître!... Ah! de ce mot tout mon cœur a saigné;
Il me rappelle au cri de mon sang indigné
Que mes fils dans mes bras sont le présent d'un traître,
Que j'ai des ennemis!... ah! oui! mais pas de maître!...

A ses fils.

Vous venez, en leur nom, m'apporter leur mépris!
J'arracherais vos cœurs s'ils les avaient flétris!
Vous n'êtes plus mes fils, ma tendresse, ma joie;
Non, vous êtes l'esprit du blanc, qui vous envoie;
Vous parlez leur langage et vous dites leur nom.
Ils m'ont gâté mon sang!

ISAAC.

O mon père! pardon.

TOUSSAINT

Embrasse-moi!... Loin, loin, toute parole amere!
Elle ferait gémir l'ombre de votre mère.
Tu ne le diras plus ce mot injurieux:

ACTE V, SCENE VI.

Les blancs sont des larrons, le maître est dans les cieux!

Il regarde et touche leurs habits.

Ils ont changé sur vous l'habit de votre enfance;
Rougissez-vous de moi sous ce luxe de France?

ALBERT et ISAAC, révoltés.

Ah!

TOUSSAINT, avec orgueil.

Ce vieux mendiant a sous ses vils habits
Un empire et son nom à laisser à ses fils!
Laissons cela! — Chacun sent, selon sa nature,
Dans les dons du tyran la chaîne ou la parure;
*Le frein doux au cheval fait saigner le lion...
*L'un s'appelle douceur, l'autre rébellion!...
*Pour savoir si je dois rendre grâce ou maudire,
*Parlez! au nom des blancs que venez-vous me dire?
Qu'apportez-vous de lui?

ALBERT.

La paix.

TOUSSAINT.

Dérision.

ALBERT.

La liberté des noirs et leur soumission.

TOUSSAINT.

Et leur soumission?

ALBERT.

Non, ce joug lourd et rude...

TOUSSAINT.

Taisez-vous! point de paix avec la servitude!

ALBERT.

Entre les blancs et nous complète égalité,
Leur drapeau seulement couvrant la liberté.

TOUSSAINT, ironiquement.

Oui! comme le linceul recouvre les cadavres!

ALBERT.

Leurs troupes dans nos forts, leurs vaisseaux dans nos havres,
Mais...

TOUSSAINT, lui coupant la parole.

Leur poussière, va! tache encor nos genoux!
Qu'ils partent!... L'Océan, c'est la paix entre nous!

ALBERT.

Connaissez mieux des blancs le nouveau caractère:
De l'ennemi terrible ils distinguent le père.
« Allez, nous ont-ils dit, sans prix nous vous rendons,
« Soyez entre ses mains le premier de nos dons ;
« De nous comme de lui pour que la paix soit digne,
« Sans lui tenir la main nous voulons qu'il la signe !
« Ils m'ont dit : Ou restez, ou revenez amis ;
« Le Français affranchit même ses ennemis. »

TOUSSAINT.

Est-il vrai? Ce consul est-il donc plus qu'un homme !
De quel nom, mes enfants, faut-il que je le nomme?

ALBERT.

Nommez-le votre ami, car il nous aime en vous.
Si vous saviez les soins que son cœur prit de nous?
* Son pain fut notre pain, son palais notre asile:
* Il formait notre esprit à ses leçons docile.
* Souvent en descendant de son sanglant coursier
* Il nous assit jouant sur ses genoux d'acier,
* Et cette auguste main, qui pèse un monde et l'autre,
* Se posa sur nos fronts douce comme la vôtre!
* On n'a pas condamné dans son secret dessein
* La race qu'on réchauffe ainsi contre son sein!
Ne vous a-t-il pas dit: « Tous deux grands, soyons frères:
« La terre n'a qu'un astre, elle a deux hémisphères. »

TOUSSAINT, réfléchissant et parlant par saccade.

Ce mot énigmatique est clair quoique profond,
Un nuage le couvre, un empire est au fond!
* — Oui! l'oracle est obscur, mais on peut le comprendre.
* Devenir ton égal est-ce donc redescendre?
* — Oui, l'amour de mes fils, ma seule passion,
* Politique, nature, orgueil, ambition,

* Tout commande à mon cœur ce que leur voix m'inspire.

* — La guerre est un hasard ; la paix est un empire.

* — De l'avenir des noirs présage triomphant !

* Un héros ne ment pas par la voix d'un enfant.

A ses fils.

Allez ! portez aux blancs la réponse d'un père :

Mes bras sont désarmés si leur chef est sincère.

SCÈNE SEPTIÈME

LES PRÉCÉDENTS, LE PÈRE ANTOINE.

Pendant les derniers mots du monologue de Toussaint, le moine s'avance derrière lui, écoute, tire de sa robe une lettre, la déplie et la présente à Toussaint.

LE MOINE.

Sincère?... Écoute bien :

Il lit.

« Réunis tous les soirs,
« Au cercle du consul, quelques amis des noirs
« Ont paru. Le grand homme adressant la parole
« A l'un d'eux : Citoyen, vous vous trompez de rôle ;
« Je suis blanc, ils sont noirs : ma peau, c'est ma raison !
« Votre philanthropie est une trahison ! »

A ces mots Toussaint arrache la lettre des mains du moine et l'achève avec indignation.

TOUSSAINT.

« Puis, ajoutant aux mots la colère du geste :
« Les amis imprudents d'un sang que je déteste
« Devraient s'envelopper dans des crêpes sanglants.
« La liberté des noirs sera le deuil des blancs ! »

LE MOINE.

Voilà ton allié, Toussaint !

TOUSSAINT.

Lui ! moi !... l'infâme !

LE MOINE.

Voilà le cri du sang, voilà le fond de l'âme !

TOUSSAINT.

Son masque de héros ne me cache plus rien,
L'ennemi de ma race est à jamais le mien !

ALBERT.

A ces emportements donnez du temps, mon père !
Possédez tout en vous, même votre colère.
* Placez-vous au-dessus de ces vieux préjugés

* De couleur et de sang, mais pensez et jugez !
* L'homme ne grandit pas en un jour : il commence
* Dans les langes étroits de sa débile enfance.
* Nous sommes les enfants des races d'ici-bas ;
* Au rang des nations on monte pas à pas ;
* Derniers-nés des humains, privés de l'héritage,
* Il est long le chemin d'un trône à l'esclavage.
* Pouvons-nous espérer que nos frères partout
* D'à genoux qu'ils étaient se réveillent debout ?
* Non, pour tout obtenir, du ciel c'est trop prétendre.
* Le secret de tout perdre est de ne rien attendre !
Il ne veut sur les noirs régner que par la loi.
Un pas, vous êtes libre ! un mot, vous êtes roi !...

Il tend la main à son père.

TOUSSAINT, retirant la sienne.

Arrête ! entre nous deux je vois toute ma race.
Sois de ton sang, mon fils, avant que je t'embrasse !
Quoi ! c'est toi, c'est un fils par ma mort racheté,
Qui me conseille un pacte avec la lâcheté !
* Non, je n'affranchis pas Haïti de ses chaînes

* Pour aggraver le poids d'autres races humaines;
* Tout affront par un noir en mon nom supporté,
* Me ferait détester ma propre liberté.
* Qui la livre, mon fils, pour soi n'en est plus digne.
* Tu vois dans quel esprit le chef des blancs la signe.
* Il la tend en amorce aux noirs de nos climats,
* Pour l'enchaîner ailleurs à l'arbre de ses mâts,
* Et revenir après, débarquant dans nos havres,
* Dans son berceau sanglant l'étouffer de cadavres !
* Et je lui prêterais le sol pour l'égorger ?
* Je retiendrais le bras qui seul peut la venger ?...
Quoi ! du bourreau des miens silencieux complice,
Du sein de mon repos je verrais leur supplice ?
Et c'est vous ! vous, mes fils !... Ah ! dans mon vaste sein,
N'ai-je donc quarante ans couvé mon grand dessein,
Dissimulé ma force, évaporé ma haine,
Bu ma honte, joué, chien souple, avec ma chaîne,
Et serrant le fer nu dans mon poing frémissant,
Tracé vers l'avenir ma route avec mon sang,

Il découvre sa poitrine et laisse voir ses cicatrices.

Que pour voir, ô dernière, irréparable injure !

Mes fils me rejeter ce sang à la figure :
Et dire, en reniant le coup que j'ai frappé,
Reprenez votre mors, vous vous êtes trompé !
Eh bien ! oui, qu'il soit fait ! que je meure et qu'on dise:
Toussaint mena son peuple à la terre promise,
Mais il ne verra pas le bien qu'il a conquis !...
Seul, il eût été roi !... mais il avait des fils !...
Allez ! cœurs dont l'Europe a ramolli les fibres,
Vous emportez mon sang, mais je vous laisse libres.
Choisissez sans contrainte entre les blancs et moi !

SAAC.

Dût l'île s'engloutir, moi j'y reste avec toi !

ADRIENNE, tendant les bras à Albert.

Albert ! regarde-nous !

ISAAC, cherchant à attirer Albert à Toussaint.

Tu regardes la terre !
Oh ! parle, dis un mot !

ACTE V, SCÈNE VII.

TOUSSAINT.

C'est parler que se taire !
Va ! pars ! n'hésite plus !

S'attendrissant tout à coup.

Tu partirais, mon fils ?
Trahissant à la fois ton père et ton pays !
Mon Albert ! mon amour ! le rayon de mon âme !
Toi, la chair de ma chair, premier-né de ma femme ;
Toi, qu'en pressant jadis tout petit sur mon sein,
J'affranchissais du cœur, dans mon secret dessein !
De mes premiers exploits chère et première cause,
Qui dans chaque espérance étais pour quelque chose,
Qui te réfléchissais grand, libre, heureux et roi,
Dans les ruisseaux de sang que je versais pour toi,
Tu ferais éclater ce cœur dans ma poitrine,
A l'heure où nos tyrans penchent vers la ruine ?
Et, dans ce fils, qu'un monstre a pu dénaturer,
Tu leur porterais ! quoi ? ma chair à torturer !
O ciel ! rends-moi mes fers ; ô ciel ! rends-moi mes maîtres !
L'esclave a des enfants ! le chef n'a que des traîtres !
Mais non ! je m'avilis en efforts superflus ;

Il se tait!... Non, va! pars! je ne te connais plus!...
Pardonne, ô mon pays! ce cri de la nature,
Ce cri qu'au patient arrache la torture,
Qui déchire son sein sans ravir son secret!
Tu m'arraches le cœur, oui! mais pas un regret!

A son fils avec mépris.

Reprenons tous les deux moi ma mort, toi ta chaîne!

ALBERT, avec embarras.

O mon père! au consul ma parole m'enchaîne;
Si je ne pouvais pas vous fléchir, j'ai promis
De ne pas me ranger parmi ses ennemis.
Pardonnez! votre gloire et notre délivrance
Pour vous sont en ces lieux, et pour moi sont en France!
En vain mon cœur se brise en s'arrachant d'ici!
Ma promesse... est ailleurs!...

ADRIENNE, se précipitant à ses pieds.

      Et ton amour aussi!
Eh quoi! les bras levés de ta pauvre Adrienne,
Cette vie en naissant enchaînée à la tienne,

ACTE V, SCENE VII.

Ce cœur qui n'a vécu que de son seul amour!
Qui, dans les jours sans fin, n'attendait qu'un seul jour!
' Notre enfance au berceau du même lait nourrie,
' Toute joie en mon cœur à ton départ tarie ;
' A travers l'Océan ce soupir éternel,
' Te rappelant d'ici sur le sein paternel,
Rien ne peut!... Qu'ont-ils donc pour fasciner ton âme?
As-tu lu plus d'amour dans un regard de femme?
' Pour captiver un frère ont-ils des noms plus doux ?...
' Brise donc ces deux mains qui serrent tes genoux,
' Éteins donc ces deux yeux où ta fidèle image
' Brûle dans tant de feux, dans tant de pleurs surnage!
Foule donc, sous tes pieds, ce cœur plein de ta foi,
Qui crie encor d'amour, en se brisant pour toi!
Pour faire un pas vers eux, traverse donc ma vie!
Non, la nature parle et l'amour t'en défie!...
Ils te rendent à nous, à ton père, à ton sang!

En se jetant dans ses bras.

Ah! je sens sous mon front battre un cœur renaissant,
Son regard attendri se mouille, sa main tremble ;
Il cède!... Nous vivrons ou nous mourrons ensemble!

ALBERT, désespéré, à son père et à Adrienne.

Entre l'honneur et vous qui pourrait réfléchir ?

ISAAC.

Réfléchir !

LE MOINE.

Il chancelle !

ADRIENNE.

Il pleure !

LE MOINE.

Il va fléchir !

ALBERT.

Ah ! mon cœur est à vous, mais ma foi me rappelle ;
Le noir comme le blanc doit y rester fidèle !
J'ai trop promis, sans doute !... oui, mais il faut tenir.

Il fait un signe de désespoir et s'éloigne de quelques pas, lentement, la tête baissée. — Adrienne pousse un cri. — Toussaint fait un geste d'abattement. — Albert se retourne et revient sur ses pas.

ACTE V, SCÈNE VII.

ADRIENNE, avec un geste de joie.

Ah! je le sentais bien qu'il allait revenir!

<small>A ce moment, Salvador, qui s'est avancé sans être aperçu jusque-là vers le lieu de la conférence, se montre de loin sur un rocher.</small>

SALVADOR, à haute voix et lentement, et faisant des gestes aux troupes blanches avec son épée.

«Souviens-toi du consul! C'est le moment d'être homme:
«L'Europe te regarde et ton honneur te somme!»

<small>Albert hésite et veut remonter. Au même instant deux officiers gravissent la pente, prennent Albert sous les bras et l'entraînent vers Salvador.</small>

LE MOINE, à Toussaint.

Tu vois!

TOUSSAINT.

Je sens en moi chanceler ma raison!
Mon fils! reviens, je cède!...

LE MOINE.

O honte! ô trahison!
C'est un peuple qu'il cède!

TOUSSAINT.

Eh bien! non, c'est mon âme!

Adrienne et Isaac se tiennent embrassés convulsivement en voyant disparaître Albert. — Toussaint, égaré, chancelant, marchant à tâtons en étendant les bras à droite et à gauche, se précipite sur les pas de son fils; il articule quelques mots confus lentement entrecoupés.

Ah! ces grands fondateurs n'avaient ni fils, ni femme!
De la nature en eux Dieu seul était vainqueur!
Mais moi!...Vous triomphez, ô blancs!... j'avais un cœur!

Il tombe évanoui sur un tertre. — Adrienne, le moine, Isaac le suivent, se penchent sur lui pour le ranimer et le relever; Isaac lui jette ses bras autour du cou.

ISAAC.

Ah! j'aimerai pour deux, ô père!

LE MOINE, à genoux.

Ah! le génie,
Rédemption d'un peuple, a donc son agonie!
Père, qui de ton fils contemples la sueur,
Soutiens-le sur sa croix!

On entend une rumeur sourde croissant dans les vallées et dans les gorges sous le plateau. — On voit briller aux premières clartés du soleil levant des baïonnettes se glissant sous les mornes.

ADRIENNE, se levant en sursaut et se penchant vers le ravin.

O ciel! quelle lueur!
Quel cliquetis de fer vers ces lieux brille et monte?
Je n'en puis plus douter : Aux armes!... Crime et honte!
Mon pays par ma faute allait périr en lui!
Toussaint!... Il n'entend pas, mais son âme m'a lui!
Courons donner aux siens le signal qu'ils attendent!
Que les plis du drapeau sur Haïti s'étendent!
Vous, rappelez la vie à ses membres tremblants,
Et qu'il meure du moins debout devant les blancs?

Elle s'élance, prend précipitamment le drapeau placé sur une pointe du rocher, monte sur ce rocher, et plante le drapeau sur la crête la plus élevée; elle l'agite pour qu'il soit aperçu de plus loin. — A ce moment, on entend des roulements lointains de canons et de coups de feu sous tous les mornes, et des cris de commandement. — Au premier feu, on voit Adrienne, s'exposant de tout le corps aux balles, fléchir et tomber frappée d'un coup mortel au cœur; elle chancelle et tombe dans les plis du drapeau. — Toussaint, le moine et Isaac, accourus au feu, la portent sur la scène ensanglantée et expirante.

DE

L'ÉMANCIPATION

DES ESCLAVES

DISCOURS PRONONCÉS A DIVERSES ÉPOQUES

PAR

A. DE LAMARTINE

I

CHAMBRE DES DÉPUTÉS. — 23 AVRIL 1835.

Messieurs,

Je ne viens pas combattre les conclusions de l'honorable colonel qui descend de cette tribune; mais je viens m'opposer à l'ajournement et au silence qu'il invoque dans cette question. Nous n'avons que trop

DE

L'ÉMANCIPATION

DES ESCLAVES

DISCOURS PRONONCÉS A DIVERSES ÉPOQUES

PAR

A. DE LAMARTINE

I

CHAMBRE DES DEPUTÉS. — 23 AVRIL 1835.

Messieurs,

Je ne viens pas combattre les conclusions de l'honorable colonel qui descend de cette tribune ; mais je viens m'opposer à l'ajournement et au silence qu'il invoque dans cette question. Nous n'avons que trop ajourné, nous n'avons que trop gardé le silence, il est temps de parler. Mais ce n'est pas contre le projet de loi que je parlerai ; plus nous désirons rapprocher et assurer cette grande mesure de l'émancipation des esclaves, plus nous accorderons libéralement au gouvernement les moyens de précautions et de surveillance que nous commande notre sollicitude pour nos concitoyens des colonies.

Loin de moi, Messieurs, la pensée de m'affliger de ce que la question des colonies ramène ici la question de l'esclavage, question qui reviendra, selon nous, tant qu'elle n'aura pas été résolue dans le sens de la raison, de la justice et de l'humanité ; nous ne pouvons nous empêcher d'admirer, au contraire, cette toute-puissance de la conscience humaine que rien ne peut étouffer, qui se soulève chaque fois qu'on prononce le mot d'esclave, qui cherche à agir ou dans les assemblées délibérantes, ou dans des sociétés volontaires, et qui, pour des intérêts qui lui sont étrangers, où elle semble complétement désintéressée, force des hommes d'opinions, de religions et de nations diverses, à s'entendre d'un bout de l'Europe à l'autre pour ce noble but de l'émancipation ! C'est là ce que j'admire, c'est là ce qui devrait prouver aux plus incrédules qu'il y a en l'homme quelque chose de plus fort, de plus irrésistible que la voix de l'intérêt personnel, quelque chose de divin, de surhumain, qui crie en lui-même contre ses mensonges, contre ses sophismes, et qui ne lui laisse le repos que quand il a satisfait à ses inspirations de justice, et inauguré dans ses lois le principe qu'il a dans son cœur.

Je sais, nous savons tous, une fatale expérience nous a trop appris que dans des discussions de cette nature nous devons peser toutes nos paroles, et étouffer sous la prudence du langage, sous la réticence souvent la plus entière, cette chaleur même d'humanité qui, sans péril parmi nous, pourrait allumer l'incendie ailleurs. Nous ne devons pas oublier, nous n'oublierons pas que chaque parole inflammable prononcée ici retentit non-seulement dans la conscience de nos collègues, dans l'inquiétude des colons, mais aussi dans l'oreille de trois cent mille esclaves, que ce que nous traitons froidement et sans danger à cette tribune touche à la propriété, à la fortune, à la vie de nos compatriotes des colonies, que nous devons veiller avant tout à leur sûreté dont nous répondons devant Dieu et devant les hommes, et que nous ne devons éveiller dans les esclaves d'autres espérances que celles que nous pouvons satisfaire sans commotion pour les colonies, sans ruine pour les propriétés, sans trouble, sans agitation pour les esclaves. Je suis tellement pénétré, Messieurs, de ce devoir, que, pour ma part, je ne me serais associé ni à cette discussion, ni aux efforts individuels des partisans de l'émancipation, si le contraste des colonies anglaises, où l'émancipation est effectuée, avec nos colonies, où l'esclavage est maintenu, et la présentation même du projet de loi, ne donnaient plus de péril au silence qu'à la délibération. Nous ne sommes plus au temps qu'on nous rappelle, où des orateurs, plaçant le fanatisme de l'humanité au-dessus de l'amour de l'humanité, qui n'est jamais séparé de la raison et de la prudence, s'écriaient : « Périssent les colonies plutôt qu'un principe ! » Aujourd'hui, Messieurs, bien loin que cette alternative se pose devant nous, nous sommes assez éclairés et assez heureux pour que l'intérêt du principe et l'intérêt des colonies soient confondus, et nous devons dire au contraire : « En sauvant les principes, nous sauvons les colonies ! »

L'Angleterre, après de longues enquêtes, vient, par le bill de 1834, d'abolir l'esclavage ; les avantages du travail libre ont été constatés à ses yeux. Restaient les droits des colons, le principe de l'indemnité a été admis, et la grande Bretagne vient de s'honorer et d'honorer l'homme par un des actes les plus inouïs qu'ait jamais accompli une association d'hommes. Elle a racheté au prix de cinq cent millions le principe sans prix aux yeux d'un peuple chrétien, le principe de la liberté et de la dignité des enfants de Dieu.

L'expérience de la liberté est en faveur de l'émancipation. Le discours d'ouverture du parlement de 1835, rédigé par des hommes d'État, longtemps adversaires de cette mesure, est un témoignage que vous ne pouvez récuser : il n'y a pas de meilleurs témoins que des témoins qui confessent leur prévention et leur erreur. Les colonies espagnoles sont encore sous le régime de l'esclavage. Mais, il faut le dire à l'honneur d'une religion qui s'interpose au nom de Dieu entre le maître et l'esclave pour tempérer la tyrannie de l'un et adoucir la résignation de l'autre, l'esclavage dans les colonies espagnoles n'est plus qu'un mot, l'esclave peut se racheter tous les jours. Cette faculté qui le soutient par l'espérance est une liberté véritable et commande au maître une sorte de paternité.

Dans cet état de choses il est impossible que nos colonies ne s'agitent pas. Les esclaves entendent parler tous les jours de l'émancipation de leurs frères dans les colonies anglaises; l'impatience de la liberté les remue, ils attendent, ils complotent, ils désertent en grand nombre; le gouvernement et les conseils coloniaux craignent avec raison cette contagion de la liberté qui se répand sur nos îles comme un fléau, et qui devrait s'y répandre comme un bienfait ; ils vous demandent de nouvelles mesures, les événements prévus ou imprévus les forceront à vous en demander de plus onéreuses au trésor ; vous les accorderez, parce qu'il faut à tout prix protéger les propriétés et les vies de nos compatriotes, et, de nécessités en nécessités, de crédits en crédits, ajoutés aux trente millions que vos colonies coûtent déjà depuis longtemps à la France, vous aurez dépassé, peut-être, le chiffre des dépenses que l'émancipation aurait coûtées au pays ! Vous aurez payé pour retenir dans les fers, dans l'oppression, dans l'immoralité, dans le concubinage, dans la privation de tout ce qui constitue l'humanité, trois cent mille esclaves ! plus qu'il ne vous en aurait coûté pour appeler toute une race d'hommes à la liberté, au travail volontaire, à la famille, à la religion, à la civilisation et à la vertu ! Voilà, Messieurs, l'inévitable effet de ces ajournements éternels des principes qui, en perpétuant le mal dans le présent, ruinent la conscience des peuples, ruinent les mœurs, ruinent le trésor et rendent le remède plus impossible dans l'avenir !

Je sais que quelques personnes, même dans cette nation si juste, si généreuse, si libre, si jalouse de ses moindres droits, contestent plus haut que jamais qu'aucun remède soit nécessaire, soit applicable à l'esclavage.

J'ai entendu sur cette question ce mot terrible sortir d'une bouche éloquente et chrétienne : A l'égard de l'émancipation des noirs, silence toujours, inaction toujours ! silence ? oui. Si vous agissiez, nous nous tairions pour ne pas compromettre vos mesures ; inaction toujours ? Puisque vous avouez cette pensée d'éternelle oppression, puisque vous consacrez en principe et en fait la permanence de l'esclavage et le droit irrachetable de la possession de l'homme par l'homme, nous ne pouvons nous taire ; notre réserve pouvait, devait vous donner du temps ; elle ne peut ni ne doit vous faire l'éternelle concession d'une vérité qui ne nous appartient pas plus qu'à vous, qui est le titre de l'humanité tout entière !

Ce n'est plus ni le temps ni l'heure de revenir sur cette question de l'esclavage en lui-même. Cette question n'est jamais absolue, elle est toujours relative, et j'accorderai, si l'on veut, que la loi peut tolérer l'esclavage de certaines races humaines pendant un certain temps, et à la condition que cette violation des droits reçus de la nature, que cette exception odieuse à la possession de soi-même, soit ou paraisse indispensablement nécessaire à la conservation, à l'amélioration de ces hommes tenus en tutelle au-dessous de l'humanité ! Je l'accorderai sans y croire, car la possession de

1.

l'homme n'a pas été donnée à l'homme. Dans l'état de nature l'homme appartient à Dieu, dans l'état de société il appartient à la loi. L'homme ne peut être acheté, il ne peut même se vendre lui-même : car la dignité humaine ne lui appartient pas, elle appartient à l'humanité tout entière. Aucune loi sociale ne peut reconnaître cet avilissement de l'humanité dans le commerce forcé ou volontaire de l'homme, elle profanerait l'homme et Dieu ! D'ailleurs, si l'on pouvait se vendre soi-même par un abus monstrueux du droit de possession de soi-même, on ne peut vendre au delà de soi-même, on ne peut inféoder la race à venir à un éternel esclavage ! L'état actuel de l'esclavage dans nos colonies admet cette vente des enfants par le père et par la mère ! des enfants nés et à naître ! et quelle mère peut voir, sans que son cœur soit refoulé en elle, sourire son enfant destiné à lui être arraché pour l'esclavage ? quelle mère, si elle a une pensée humaine, peut sentir sans regret et sans honneur palpiter dans son sein un être vendu d'avance au fouet des blancs ? Ils ne peuvent, dit-on, supporter la liberté, c'est une race imparfaite qu'il faut élever à l'humanité par la servitude ! Monstrueux prétexte de la barbarie de nos lois ! ils ne peuvent supporter la vérité ! Est-ce que la liberté est plus lourde à porter que l'esclavage ? et nous qui parlons, supporterions-nous l'esclavage? et cependant qui de nous osera dire que l'esclavage n'est pas plus difficile à supporter que la liberté? C'est ainsi que des législations cupides se font des raisons de leurs vices mêmes!

Non, Messieurs, nous ne croirons jamais à ces prétendues nécessités des crimes sociaux, à cette prétendue impuissance des races humaines d'arriver à la possession des droits que Dieu leur a faits, pas plus qu'à cette impossibilité de cultiver certaines plantes autrement qu'en dégradant toute une famille humaine. S'il en était ainsi, périssent ces plantes qui ne pourraient croître que sous la sueur et le sang des esclaves! Mais il n'est pas, il ne peut pas être vrai que la prospérité d'une contrée ou d'un peuple soit nécessairement fondée sur la dégradation et l'abrutissement d'un autre peuple et d'un autre pays! Je ne croirai jamais que le divin Distributeur des destinées sociales les ait ordonnées ainsi, qu'il faille retenir une partie, une moitié de la race qu'il a créée dans les souffrances physiques, d'accord avec les colons, même sur le principe de l'émancipation, sur l'indemnité et sur les avantages du travail libre. Le gouvernement n'a, pour obtenir le résultat de l'émancipation, qu'à discuter avec les colons le chiffre de l'indemnité, qu'à garantir aux colons des travailleurs libres; et enfin qu'à se décider par des enquêtes et par l'exemple de l'Angleterre entre une émancipation partielle et progressive et une émancipation totale et immédiate. Quand une fois le pays et le gouvernement auront cette foi généreuse dans un principe, cette conscience irrésistible d'un grand devoir à accomplir à tout prix, voilà donc les trois questions qu'il aura à résoudre : garantir aux colons des travailleurs libres après la mesure de l'émancipation, émanciper entièrement ou progressivement, enfin indemniser suffisamment. Les deux premières questions sont purement administratives et expérimentales. Nous pensons, nous, et en cela nous sommes heureusement d'accord avec les colons, que l'émancipation entière et immédiate est celle qui présente le plus de chances favorables et dans l'intérêt de l'humanité et dans l'intérêt des colons. Dans l'intérêt de l'humanité, parce que les esclaves à demi rachetés resteraient pour l'autre partie de leur temps sous la verge et sous l'arbitraire du maître, qui pourrait les surcharger de travail et se venger de cette demi-liberté conquise sur ses intérêts. Dans l'intérêt des colons, parce que le rachat partiel et successif, en privant le maître d'une partie de ses droits sur l'esclave, donnerait lieu à des contestations sans nombre, et laisserait une foule d'intérêts indirects sans compensation ! La question de la quotité de l'indemnité resterait donc seule à résoudre. Elle présente sans doute des difficultés ; elle ne se réglera jamais à l'amiable ; le haut arbitrage de la métropole sera nécessaire ; des controverses sans terme viendront compliquer et obscurcir les droits mutuels de l'état des colons et de l'esclave. Mais, si nous examinons cette question de l'indemnité autour d'une haute et impartiale raison, si nous appelons à cet examen et la morale des philosophes, et la conscience de l'humanité, et la pratique de l'homme d'État, cette question devient claire et se résout ainsi selon moi.

Le colon dit : « Mes esclaves sont ma propriété aussi légitime, aussi inviolable que votre maison ou votre champ ; car je les ai achetés ou reçus en héritage sous la garantie de la même loi. »

Nous disons, et l'esclave dit avec nous : « Aucune loi ne peut donner à l'homme la propriété de l'homme ; car la loi n'est que la sanction de la justice ; car aucune conscience humaine ne peut légitimer l'esclavage ; car nul n'est obligé de ratifier une loi qui le prive des droits donnés par la nature. »

Quelle sera donc la solution ?

La voici : c'est qu'une compensation est due pour le redressement de cette loi qui viole un grand principe moral ; c'est que, le redressement de cette loi intéressant à la fois la société tout entière qui rachète un principe, le colon qui rachète une propriété légitime à la place d'une usurpation consacrée, l'esclave enfin qui rachète sa liberté vendue, avec la société, le colon et l'esclave doivent cencourir proportionnellement au redressement de cette loi, et subir leur part dans la compensation ou dans l'indemnité. En partant de cette base éminemment juste, en évaluant ce que la société gagne en recouvrant une vérité dans ses lois, le colon en rentrant dans le droit et dans la nature, l'esclave en recouvrant la liberté, en comptant les esclaves valides, en prenant leur prix moyen dans les dernières années, en faisant un total de cette somme, en la distribuant avec justice entre l'État, le colon et l'esclave, on arrive, en prenant des termes et des moyens indirects pour en solder une partie par des réductions sur les droits des sucres, on arrive à un résultat qui n'est point onéreux pour le trésor et qui soulage d'un poids intolérable la conscience d'un peuple équitable et moral !

La société, Messieurs, n'est pas condamnée à ne jamais abolir les abus, les vices, les monstruosités de ses lois, parce que ces monstrueux abus sont devenus des propriétés directes ou indirectes. Où en serions-nous, si la société ne pouvait se dessaisir et s'exproprier de ses vices, devenus propriétés pour quelques-uns? La

DES ESCLAVES. 259

féodalité réclamerait ses serfs, l'État ses aubaines, l'inquisition ses confiscations, le bourreau son salaire perdu quand nous lui aurons supprimé son œuvre homicide.

Non, Messieurs, nous avons le droit d'être humains pourvu que nous sachions être justes : nous avons le droit de gémir et de nous indigner de voir des hommes, nos frères, traqués comme de vils troupeaux, contraints à un travail de seize heures avec le fouet pour salaire, condamnés au concubinage le plus brutal, à la promiscuité des enfants, ces enfants vendus à un maître, la mère à un autre, le père à un troisième, l'âme profanée avec le corps. L'ignorance imposée à l'esprit, l'interdiction systématique de toute instruction élémentaire, même du droit d'apprendre à lire; la famille foulée aux pieds comme le germe de toute sociabilité qu'il faut écraser pour mieux abrutir l'espèce, une religion incompatible avec l'esclavage, prêchant en vain aux esclaves sa morale démentie par la violation de tout christianisme à leur égard, une dignité de l'homme insultée sous toutes ses formes en eux! leur prêchant l'indépendance et la justice un fouet à la main ! Nous avons le droit d'abolir de telles atrocités sociales, ou, si l'on nous conteste le droit de les abolir, n'aurons-nous pas le droit de les racheter et de discuter avec les propriétaires à quel prix nous les rachèterons ?

Mais les propriétaires, il faut leur rendre cette justice, sont animés des mêmes sentiments que nous; cette propriété humiliante leur pèse, ils sont impatients de l'abdiquer, ils préparent l'esclave à la liberté par la douceur croissante et l'humanité de leur tutelle. Les esclaves respirent l'air de la liberté qui souffle des colonies anglaises; la population noire, qui s'accroît dans les nôtres, rendrait dans peu d'années le rachat plus onéreux, impossible peut-être. Le moment est opportun : nous sommes en paix, nous sommes en progrès moral et en mouvement législatif, nos capitaux abondent, nous en versons avec profusion sur toutes les entreprises industrielles; ouvrons un emprunt pour le rachat de l'homme, jetons ou plutôt prêtons quelques millions à une entreprise de l'humanité. Les principes sont aussi des capitaux pour un peuple, et les intérêts de ces capitaux, la Providence les lui paye avec usure, et Dieu en tient compte à sa postérité! Qu'attendons-nous, Messieurs? Indépendamment de ce résultat tout moral, vous aurez des colonies mieux cultivées par le travail libre, où les procédés les plus économiques, les machines et les industries qu'elles exigent s'établiront; une population plus nombreuse et plus riche qui consommera une somme bien plus forte des produits industriels de la métropole; les denrées coloniales, le sucre surtout, à meilleur marché sur le continent et devenant accessible à la consommation de toutes les classes ; une réduction notable dans vos forces militaires aux colonies et dans la mortalité des troupes que vous êtes forcés d'y tenir.

Le remboursement de quatre-vingts millions que vos colonies doivent au commerce de la métropole, et dont elles s'acquitteraient avec le produit de l'indemnité.

Enfin la réclamation de la dignité humaine dans les esclaves et dans les maîtres eux-mêmes ; car la possession de l'homme corrompt celui qui possède autant que celui qui est possédé !

Messieurs, sondons quelquefois nos consciences ! Il y a un peuple qui s'appelle libre, qui n'a dû cette liberté qu'à notre sympathie pour l'indépendance humaine ; ce sont les Américains. Eh bien, Messieurs, en face de ce congrès où retentissent du matin au soir ces beaux noms d'indépendance, de dignité humaine, de droits imprescriptibles, d'inviolabilité des droits naturels, vous voyez passer des files d'hommes, de femmes, d'enfants, de jeunes filles enchaînés les uns aux autres par des carcans qui les empêchent même d'incliner la tête pour cacher leur honte ou leurs larmes, et qui protestent devant le ciel et la terre contre l'hypocrite philantrhopie de ce peuple qui ne veut la liberté et la justice que pour lui ; et nous, Messieurs, qui recherchons avec tant de jalousie et de scrupule ce qui peut nous manquer en droits individuels, civils, constitutionnels, nous qui nous interrogeons sans cesse nous-mêmes avec tant de scrupule pour savoir si quelque faculté humaine n'est pas suffisamment garantie dans nos lois, et qui souffrons, comme le Sybarite, du moindre pli de servitude qui pourrait nous blesser ou nous gêner seulement dans le tissu de nos législations, pensons-nous quelquefois qu'à quelques journées de nos rivages, sous le même Dieu, sous la même loi, sous le même drapeau que nous, il y a des milliers d'hommes qui ne connaissent ni nationalité, ni religion, ni famille, qu'on a arrachés de leur père, à qui on arrachera leurs enfants de peur qu'ils n'aient un des liens de la nature, à qui on jette une femme pour s'enrichir de sa fécondité, à qui on la retire pour que la famille n'empêche pas de revendre l'humanité en détail ! qui n'ont d'autre loi que le caprice d'un maître délégué par un maître ! sujets d'un peuple libre pour qui le mot de liberté n'est qu'une dérision amère, hommes pour qui le nom d'homme n'est qu'une ironie et une malédiction !

Ah ! pensons-y, Messieurs ! et faisons-y penser la loi ! Sollicitons l'effort du gouvernement et des Chambres.

Nous accusons sans cesse ici la stérilité de nos révolutions ! Eh bien, que nos révolutions profitent du moins à quelqu'un ! que le contre-coup de notre liberté se fasse sentir à nos esclaves ! donnons au gouvernement tout ce qu'il nous demande, à condition qu'il l'emploie à la restauration de la liberté et de la dignité de l'homme ! Il nous trouvera toujours complaisants à ce prix !

Je vote pour la loi.

II

CHAMBRE DES DÉPUTÉS. — 25 MAI 1836.

Messieurs,

Dans cette grande et salutaire transaction que nous voulons préparer entre l'État, le colon et l'esclave, pour avancer l'heure de l'émancipation, pour proscrire à jamais l'esclavage, cette possession de l'homme par l'homme, cette dégradation de l'humanité à l'état de bétail humain, une chose me frappe, Messieurs, c'est que tout le monde est représenté ici, excepté les esclaves. L'État est présent ici avec toute sa puissance d'administration; les colons ont des représentants, un budget, un trésor, des délégués, des avocats; les noirs n'ont ni budget, ni trésor, ni avocats; ils n'ont d'autre défenseur que nos consciences. Nous sommes obligés de nous faire leurs avocats d'office. C'est, je l'espère, une raison pour nous d'espérer plus d'indulgence et d'impartialité de la Chambre.

La Chambre peut être certaine que je mettrai dans mes paroles la réserve et la prudence qu'elle a droit d'attendre de nous dans une discussion qui touche à des intérêts si immenses et si susceptibles. Je n'oublierai pas, je n'ai jamais oublié que les paroles prononcées sur cette matière ont du retentissement dans le cœur de quarante mille colons et de deux cent cinquante mille esclaves; que nous devons les peser avec soin, que l'intérêt pour les esclaves ne doit pas nous faire oublier les maîtres, et que si, dans notre pensée, l'affranchissement des uns est la seule condition de sécurité et de prospérité pour les autres, notre premier devoir est envers nos concitoyens des colonies. Mais ces considérations sont loin de nous commander le silence que prétendait nous imposer hier l'honorable rapporteur de votre commission. Je suis loin de penser avec lui qu'une discussion sur ce sujet soit inutile et dangereuse : inutile, Messieurs? Je ne répondrai que par un seul fait : c'est en 1792 que l'illustre et vénérable Wilberforce commença dans le parlement d'Angleterre sa discussion sur la traite et sur l'abolition de l'esclavage. Alors aussi des orateurs, si jaloux pour eux-mêmes du titre de citoyen, et qui mettaient tant de lenteur à rendre aux noirs le titre d'homme, déclaraient la discussion inutile et dangereuse. Et ce n'est qu'en 1833 que l'abolition de l'esclavage a été prononcée dans le parlement. Il a fallu une discussion, une discussion de quarante-trois ans, pour faire entrer une vérité si simple dans l'esprit de la loi de l'Angleterre, et ce n'est qu'après cette discussion de quarante-trois ans que l'esclavage est tombé sous la raison et sous l'indignation d'un peuple libre! Voilà à quoi servent les discussions.

Qnant à l'ajournement qu'on nous recommande sous tant de différents prétextes, nous nous y attendions. Il y a deux manières de repousser une vérité : la nier, ou en ajourner l'application; c'est une cause facile à défendre que celle des ajournements; on a pour soi la plus invincible des puissances humaines, la force d'inertie, cette paresse des choses, des gouvernements et des peuples, qui fait qu'on recule toujours l'heure des réparations les plus urgentes, les plus saintes, parce qu'il faut réfléchir, parce qu'il faut se mouvoir, parce qu'il faut agir, et qu'il est plus facile de laisser souffrir et le mal s'invétérer. Ainsi, Messieurs, vous l'entendez : on veut, comme nous, l'émancipation; on s'y prépare. C'est une mesure d'éternelle justice, et cependant il n'en faut pas parler ; il faut attendre, voir, ajourner encore. Mais si l'émancipation, si la restitution des droits de l'homme à ceux que vous n'oserez pas ne pas appeler des hommes est d'éternelle justice, elle était donc juste hier ; elle est donc juste aujourd'hui ; elle sera donc juste demain. Et quant à ce que les honorables préopinants disent, qu'il faut d'abord donner aux noirs l'éducation et l'état auquel on les destine ; initiation sage, initiation que nous voulons comme eux, que répondre, Messieurs? Est-ce que l'esclavage est l'éducation et la liberté ? Non, mille fois non ; c'est une liberté graduée qui est l'éducation d'une liberté plus complète. L'esclavage est dans votre système : vous voulez le maintenir ; l'esclavage n'enseigne que la servitude à l'esclave, et la tyrannie au maître.

Il y a l'infini entre le mot esclave et le nom d'homme libre. Il n'y a pas de transition de l'un à l'autre. On est possédé ou on ne l'est pas ; on est une chose ou on est un homme ; et comment voulez-vous que les maîtres préparent les esclaves à la liberté et les en rendent dignes, puisque le jour où ils en seraient dignes, ils n'auraient plus de prétexte pour les retenir dans leur possession ? Ainsi, que nos adversaires se rassurent : modération, graduation dans l'émancipation des noirs, mais point d'ajournement. Ajourner un droit, c'est se constituer complice d'une iniquité.

Je le sais, les colons et les honorables délégués qu'ils comptent parmi nos collègues affirment qu'ils désirent comme nous l'émancipation ; je dirai plus : je sais qu'ils sont tout aussi pénétrés que nous des principes d'humanité et de religion qui nous commandent seuls nos démarches ; je sais que leur conduite, souvent paternelle envers leurs esclaves, est une protestation de leurs sentiments personnels contre la nature même de leur propriété. Oui, je suis convaincu qu'ils désirent l'émancipation ; mais je crois que nous ne la désirons pas assez nous-mêmes, et que nous devrions la désirer plus efficacement, afin de les aider eux-mêmes à l'accomplir.

Je ne parlerai donc pas des esclaves ; je ne retracerai pas à la Chambre le honteux tableau de cette race humaine descendue et maintenue, par la loi d'un peuple libre, à l'état d'abrutissement. C'est ici une question de budget ; je ne parlerai que des maîtres.

Messieurs, mettez-vous un moment à la place de ces cinquante mille citoyens français de vos colonies à qui le malheur de leur naissance a donné, que dis-je? a infligé cette propriété menaçante, cette propriété humaine de deux cent cinquante mille esclaves, et répondez-vous en conscience si vous ne trembleriez pas, si vous ne gémiriez pas de cette condition exceptionnelle de votre propriété; si vous ne béniriez pas un gouvernement, des législateurs assez courageux pour sonder leur situation et pour la changer, pour la changer contre le droit commun et contre une propriété normale et inviolable. Il ne peut pas y avoir de doute, et la vileté des prix des propriétés coloniales en est la preuve. Qui voudrait ici changer son champ, quelque étroit qu'il soit, contre une habitation et cent esclaves ? Personne ne se lèvera. Il y a donc une réprobation secrète contre la richesse, même à un pareil prix.

En effet, Messieurs, quelle est, au moment où nous discutons, la situation du colon relativement à lui-même et relativement à ses enfants, à ses héritiers, à sa fortune?

Il a reçu de ses pères une propriété en territoire à deux mille lieues de la mère patrie, de son gouvernement, de sa langue. Ce territoire a un sol fertile, mais un climat de feu qui dévore les blancs. Il faut pour le cultiver une race d'hommes à part, des Africains, des noirs ; ces travailleurs, comment se les procure-t-on? On ne peut se les procurer, vous le savez, que par une complication de crimes et de barbaries qui déprave à la fois la race qui les vend, la race qui les achète, la race plus exécrable mille fois qui les trafique et les transporte. Vous savez qu'on suscite des guerres pour avoir les prisonniers ; qu'on achète l'enfant du père, et souvent le père de l'enfant ; et quant aux bâtiments qui transportent ces cargaisons vivantes, lisez, Messieurs, l'enquête de 1829 faite par les soins de M. Peel, vous y trouverez ces propres paroles qui dispensent de tout tableau : « Un vaisseau négrier a été constaté contenir dans un espace donné la plus grande masse de tortures et d'atrocités accumulées. »

Voilà la source où vos malheureux concitoyens des Antilles sont obligés de puiser les instruments de travail sur leurs possessions. Jusqu'à présent ils ont été obligés de se recruter par un crime légal, par cet épouvantable trafic qui a transporté souvent deux et trois cent mille esclaves par année ; qui depuis Charles-Quint en a transporté des centaines de millions, des centaines de millions, Messieurs, dont il reste quoi? quelques centaines de mille ! Ce résultat seul fait juger l'esclavage ! Maintenant ils se recrutent par un crime illégal, par une contrebande de chair humaine.

Eh bien, non, Messieurs, maintenant, par l'effet, selon vous complet, des lois sur la traite, j'admets qu'ils ne se recrutent plus du tout. Mais voyez quel coup déjà mortel a porté au colon l'exécution de la loi de la suppression de la traite. Il lui faut des noirs, et la loi lui interdit de s'en procurer, et le travail de la terre va décupler de prix par le manque de bras. Qu'une épidémie, que ces empoisonnements du désespoir, si fréquents parmi les noirs, lui déciment une partie des siens, voilà sa propriété stérile et réduite à rien.

Mais allons plus avant. Le colon, quelle que soit son humanité, sa mansuétude envers ses esclaves, ne doit-il pas craindre à tout moment quelque insurrection? ne doit-il pas craindre qu'un Spartacus noir appelle ses frères à la liberté? Or la liberté, conquise par l'insurrection, que serait-elle? On frémit d'y arrêter sa pensée. Ce n'est pas tout encore : vous voyez qu'on nous reproche d'oser même prononcer le mot d'émancipation ; on nous le reproche à nous, hommes bien intentionnés, hommes prudents, qui parlons devant une assemblée prudente, devant la Chambre la plus anti-révolutionnaire qui ait jamais été! On nous dit que ce seul mot est une menace, une espérance, une perturbation ; que ce seul mot fait trembler le sol des colonies. Eh bien, aucun de ces dangers n'existe maintenant avec nous. Mais qu'une Chambre moins sage vienne à nous remplacer, que ces doctrines d'abandon des colonies viennent à prévaloir un seul instant, que la moindre commotion politique ait lieu dans l'Europe, que les colons soient oubliés un jour, que deviennent les colonies? que deviennent les esclaves? que deviennent les propriétés? Et si nous nous élevions à des considérations plus hautes, que je m'interdis aujourd'hui, ne pourrions-nous pas ajouter : Que devient l'humanité? que devient la morale? que devient la religion? que devient la race des maîtres, de ces possesseurs d'hommes et de femmes dans une condition de propriété qui donne l'homme et la femme comme un instrument, comme un hochet de tyrannie ou de dépravation aux enfants? Une telle propriété, Messieurs, ne corrompt-elle pas la race qui possède autant que la race qui est possédée? une telle propriété n'est-elle pas une malédiction de la société? Oui, les colons le sentent; et je ne serai pas démenti ici pas leurs représentants quand j'affirmerai qu'une émancipation loyale, qu'une émancipation conservatrice de leurs intérêts, qu'une émancipation qui conciliera les droits sacrés de la morale et de l'humanité avec l'indemnité du droit de propriété, avec la prévoyance de l'avenir, serait le plus beau présent que la métropole puisse leur faire.

Mais, pour que l'émancipation ait tous ces caractères, il faut examiner avec conscience, avec impartialité, avec stoïcisme, sur quoi se fonde cette exécrable propriété des colons. Qu'est ce que cette propriété devant Dieu? Une profanation, un blasphème, un outrage à la créature. Mais qu'est-ce que cette propriété devant la loi? Il faut avoir le pénible courage de l'avouer : c'est une propriété qui, devant la justice humaine, est aussi inviolable, sans compensation, que la propriété de votre champ. Malheureux patrimoine, sans doute, qu'une monstruosité sociale! Mais la loi est leur complice; c'est la loi qui est coupable, c'est la loi qu'il faut dépouiller. Or, cette loi, ce n'est pas eux qui l'ont faite ; ils l'ont trouvée en naissant, ils ont possédé toutes ses garanties. C'est la société qui a fait, qui a souffert, qui a sanctionné cette loi honteuse; c'est à elle à la défaire. Elle ne pourrait punir une seule catégorie de ses membres d'un crime qui est le crime de tous, sans injustice. Supposons que l'État ait vendu à un particulier un bien mal acquis, et qu'au bout d'un certain nombre d'années et de transmissions successives l'État vienne à découvrir que le bien qu'il a vendu ne lui appartenait pas, que les titres étaient faux, aura-t-il le droit de dépouiller le propriétaire nouveau, sans compensation, pour restituer au nouveau propriétaire? Non, Messieurs; il aurait deux devoirs, deux obligations également sacrées : la première de restituer le bien mal acquis au propriétaire véritable; la seconde, d'indemniser le propriétaire de bonne foi. Eh bien, c'est exactement la situation de l'État vis-à-vis du noir et du colon. Il a vendu des hommes ou laissé posséder des hommes, ce qui est la même chose. Il reconnaît aujourd'hui qu'il n'a pu ni vendre ni garantir la possession des hommes, qu'il faut rendre cette propriété à celui-là seul à qui elle appartient, c'est-à-dire à Dieu, à la liberté. Eh bien, peut-il le faire sans indemniser celui qu'il dépossède? Oui, sans doute, Messieurs, il peut le faire ; mais il ne peut le faire qu'en réparant une iniquité par une autre. Disons la vérité : il doit déposséder, il doit déposséder à l'heure même ; il n'a pas le droit d'ajourner d'un jour la restitution de la dignité humaine ; mais il le doit à une condition : c'est d'être complétement juste, c'est d'indemniser.

Messieurs, je comprends ces murmures ; mais laissez-moi expliquer ma pensée. Quand je parle de propriété légitime, certes, Messieurs, je n'entends pas plus que vous que cette propriété du maître sur l'esclave soit légitime en elle-même, légitime pour l'esclave ! Il ne peut lui reconnaître la légitimité d'une loi qui le prive de ses droits et de ses facultés d'homme, et sa nature même, sa nature d'enfant de Dieu est une juste protestation, une éternelle insurrection de sa raison contre la loi qui le ravale à l'état de brute ; mais je dis que devant la loi dont nous sommes tous les complices, devant cette exécrable loi que nous voulons corriger, la propriété du colon est fondée sur des garanties égales aux garanties de vos champs et de vos maisons ; car il possède en vertu d'une loi mauvaise, mais d'une loi commune à tous. Vous devez donc punir la société de la mauvaise loi qu'elle a faite, et non le colon de la mauvaise nature de sa propriété; c'est-à-dire, vous devez compenser aux colons la spoliation, sous peine de ne réparer une iniquité que par une autre iniquité !

Messieurs, je sais que c'est là le grand mot, le mot terrible, le mot qui fait murmure, le mot qui repousse dans l'indifférence et l'incurie des hommes assez ignorants des lois sociales pour croire qu'une réparation qui coûte quelques millions ruine un pays ; des hommes qui pèsent de la morale contre de l'or. Eh bien, que ces hommes mêmes se tranquillisent. Cette compensation, sagement combinée, ne ruinera personne. Quand le moment en sera venu, je le démontrerai à la Chambre. Je me bornerai à lui dire en deux mots aujourd'hui sur quel principe doit être réparti le payement de cette compensation, lorsque la Chambre aura consacré le principe de l'émancipation. Ce système, qui a paru réunir l'année dernière l'assentiment de la Chambre, celui de la Société d'émancipation, celui des colons eux-mêmes, le voici :

A qui profite l'émancipation ? d'abord aux esclaves, qui recouvrent la liberté, la famille, la propriété, la vie humaine. Ensuite aux colons, qui échangent une propriété périlleuse, menaçante, sans légitimité devant Dieu ni devant les hommes, contre une propriété de droit commun, contre une propriété qui ne fait ni rougir ni trembler son possesseur. Enfin, à qui profite l'émancipation? à la société, qui rachète le principe aliénable de la dignité humaine, et qui se réhabilite à ses propres yeux. La société, le colon, l'esclave, ont donc un égal intérêt à l'émancipation. L'indemnité de l'émancipation devra donc porter proportionnellement sur l'esclave, le colon et l'État ; c'est-à-dire, Messieurs, que le chiffre quelconque que vous poserez à l'indemnité devra être partagé entre l'esclave, le colon et l'État. Or, ce principe admis et son application régularisée entre ces trois catégories d'intéressés, soit par un emprunt, soit par termes successifs, soit par réduction des droits sur l'entrée des sucres coloniaux, comme le propose mon honorable ami M. de la Rochefoucauld, en combinant ces moyens d'indemnisation avec l'apprentissage nécessaire pour initier le nègre au travail libre, rien ne sera plus facile que de diviser et d'alléger le fardeau de manière qu'il soit presque insensible pour chacun. Songez que l'Angleterre n'a pas hésité à jeter cinq cents millions dans la main de ses colons pour leur arracher les fouets et les chaînes ; mais songez que l'Angleterre avait quatre fois plus d'esclaves que vous, que ces esclaves étaient plus chers, et qu'elle n'a pas introduit le principe que j'ai présenté à la Chambre d'une répartition proportionnelle de l'indemnité entre tous ceux qui ont à en profiter. Ne vous préoccupez donc pas de l'indemnité. Il n'en coûtera pas à la France par année, pendant dix ans, il n'en coûtera pas à ce noble et généreux pays pour racheter la dignité humaine, pour cette restauration de l'humanité, ce qu'il vous en coûte pour la restauration d'un de vos monuments de chaux et de pierre.

Eh bien, Messieurs, en présence d'un si léger sacrifice, pour un aussi inappréciable avantage, céderez-vous toujours, céderez-vous sans fin à ces éternels ajournements que l'intérêt privé vous objecte? On vous dit : Attendez l'exemple de l'Angleterre, attendez quatre ans. Mais, Messieurs, dans quatre ans, il sera trop tard; les Antilles anglaises seront libres, et la contagion de la liberté viendra soulever vos Antilles. L'exemple de l'Angleterre ! Mais vous l'avez sous les yeux. Je suis prêt à donner à la Chambre communication des documents les plus authentiques, qui prouvent que l'apprentissage réussit, et que le travail libre succède sans difficulté au travail forcé. L'exemple de l'Angleterre ! ah ! plût à Dieu que nous ne l'eussions pas attendu ! Un peuple comme nous devrait s'indigner d'attendre l'exemple de l'Angleterre pour racheter la liberté humaine, lui qui a tant fait pour racheter la liberté civile, la liberté politique.

Eh bien, Messieurs, la Chambre veut-elle m'accorder deux minutes ? je lui expliquerai en peu de mots quels sont les prétendus résultats funestes de l'expérience anglaise.

Cette expérience, la voici : le parlement anglais a prononcé l'émancipation par acte du 28 août 1833. Il est parti de ce principe qu'il fallait assurer d'abord bon ordre et compensation ; bon ordre, parce qu'un gouvernement ne doit dans aucun cas constituer l'anarchie au nom d'un principe ; compensation, parce qu'un gouvernement ne dépossède pas une loi immorale dont toute la société est complice, aux dépens d'une seule catégorie de citoyens.

L'acte du parlement constitue un état intermédiaire entre la liberté et l'esclavage, appelé *apprentissage*.

Il crée trois classes d'apprentis laboureurs : les uns attachés au sol, les autres non attachés au sol, les autres enfin non *prédiaux* : ce sont les enfants au-dessous de douze ans.

Les apprentis attachés au sol sont libres de fait en 1840 ; les apprentis non attachés au sol, dès 1838.

Les maîtres peuvent affranchir avant.

Des juges de paix spéciaux ont été institués en nombre suffisant : cinquante-six à la Jamaïque, par exemple. Ces magistrats visitent les habitations pour leurs audiences, et décident sur toutes les difficultés entre les maîtres et les esclaves.

La statistique officielle de ces magistrats démontre qu'aucun des inconvénients qu'on nous présage n'a lieu. A la Jamaïque, sur soixante-huit mille habitations visitées, trois mille seulement ont donné des affaires contentieuses facilement résolues.

A la Barbade, il y a eu quelques jours d'étonnement et de trouble. Tout est rentré aisément dans l'ordre.

A Antigoa, on n'a pas même employé l'apprentissage ; l'émancipation a été immédiate et a complétement réussi. L'intervention des frères moraves a été très-heureuse pour la cause de l'émancipation, et nous osons espérer que celle du clergé français catholique ne nous faillirait pas dans une œuvre si éminemment civilisatrice.

On a parlé de la ruine des colons. Eh bien, Messieurs, vous allez apprécier ces pronostics par le résultat industriel dans les colonies anglaises, pendant les deux dernières années.

Les rapports officiels débattus dans les Chambres coloniales non suspectes constatent que, même dans ces premières années de tâtonnements, la production n'a été réduite que d'un dix-huitième, ou tout au plus d'un seizième, et cependant le nombre d'heures affectées au travail des noirs a été réduit d'un sixième, et, pendant la récolte, d'une moitié.

Voilà, Messieurs, ces résultats dans toute leur réalité. Y a-t-il rien là de si propre à refouler nos espérances et à nous condamner à ne jamais tenter cette même amélioration, cette même rédemption d'une partie de nos frères?

Non, l'opinion ne s'y trompera pas; non, la Chambre n'hésitera pas plus longtemps.

Un si faible effort nous effrayerait, Messieurs! Une nation qui, pour réformer tout son passé, n'a pas craint de remuer son sol, depuis quarante-sept ans, jusqu'à la dernière pierre, de fouiller jusqu'aux fondements ses institutions vieillies, pour les rebâtir sur un tuf solide; une nation qui n'a pas hésité à ruiner tous ses intérêts au profit de ses principes; un peuple qui a renversé d'un souffle les main mortes, les dîmes, les corvées, les servitudes civiles, les priviléges de tout genre; un peuple qui a reçu l'assaut de l'Europe entière et lancé ses populations contre elle pour la cause de la liberté politique; qui a dépensé sa fortune par milliards et son sang par torrents; un tel peuple craindrait-il aujourd'hui de remuer quelques chiffres de son budget pour effacer à jamais du livre des atrocités légales ce nom d'esclave, qui flétrit celui qui l'inflige plus encore que celui qui le porte?

Non, cela n'est pas possible. Et si vous mettiez en balance, dans un seul calcul d'argent, ce qu'il en a coûté depuis que les colonies existent, pour maintenir et recruter l'esclavage; si vous comptiez les frais de ces expéditions entreprises pour rapporter ces cargaisons vivantes, et ceux morts dans la traversée, et ceux jetés dans des tonneaux à la mer, pour détruire les témoins de la contrebande d'hommes ; si vous y ajoutiez les frais d'entretien de vos troupes et la mortalité qui les y décime, et ces expéditions ruineuses comme celles à Saint-Domingue en 1802, où vous ensevelissiez en quelques mois vingt mille Français et plus de cent millions, vous trouveriez que le maintien de l'esclavage vous coûte cent fois plus cher que ne vous coûteraient le travail libre et l'émancipation ; car voilà un faible tableau de ce que vos colonies vous coûtent ; quant à ce que vous gagneriez, vous pouvez le calculer d'un regard. Le principe de l'inviolabilité de la dignité humaine restaurée; l'homme enlevé à l'homme et rendu à lui-même et à la loi ; la famille se reconstituant avec la famille; la propriété avec la propriété ; le sentiment d'ordre, de travail, de conservation, de patriotisme qui en découle; enfin, la société lavée de cette tache honteuse de sa barbarie, pouvant se contempler sans rougir, et présenter ses codes à sa conscience et à Dieu, sans craindre le remords ou la vengeance divine. Je ne sais pas quel prix tout cela aura devant les Chambres et devant les calculateurs. Mais je sais que cela en a un inappréciable devant la nature et devant Dieu.

Messieurs, une réflexion me frappe à l'instant même où je vais descendre de la tribune. Cette reflexion, je l'ai souvent faite avant d'entrer dans cette enceinte comme député, avant de monter ici pour la première fois, et peut-être est-ce cette pensée qui m'a donné un peu de ce courage, un peu de cette confiance d'apporter parfois à cette tribune quelques vérités qu'on appelle avancées, qu'on appelle idéales, qu'on appelle peut-être perturbatrices, et qui, selon moi, sont éminemment conservatrices, car je ne connais rien au monde de si révolutionnaire qu'un abus qu'on laisse subsister; rien au monde de plus révolutionnaire qu'une immoralité, qu'une iniquité qu'on peut corriger et qu'on laisse consacrer dans la loi. Cette reflexion, je voudrais en pénétrer la Chambre.

Oui, je conjure la Chambre, je conjure chacun des collègues qui m'entendent et que je remercie de leur bienveillante attention ; je les conjure de rentrer un moment dans le silence de leurs pensées, de se porter en idée à ce moment, à ce jour, où, sorti pour jamais de cette enceinte législative, où, dégagé de toutes ces préoccupations des affaires publiques, dégagé de ces embarras, de ces difficultés d'exécution, de ces prétendues impossibilités qu'on oppose sans cesse à tous nos bons désirs, il se dira : « J'ai été législateur, j'ai été juge, j'ai été maître ; on a soulevé devant moi cette grande question de l'esclavage, de la possession d'un homme par un homme ; j'ai eu dans la main le sort de mes semblables ; j'ai eu dans la main la liberté, la dignité, l'amélioration, la moralisation, la rédemption d'une race tout entière de mes frères, et ma main est restée fermée ! En venant au monde, j'ai eu à apporter ma part de cette grande monstruosité collective, j'ai pu la répudier, et en quittant le monde je la laisse, cette part honteuse, je la laisse à porter tout entière encore à mes descendants ! » Messieurs, à cette interrogation de nos consciences, quelle sera la réponse ? Prévenons-la à tout prix.

III

BANQUET DONNÉ PAR LA SOCIÉTÉ FRANÇAISE
DE L'ÉMANCIPATION DE L'ESCLAVAGE,
AUX DÉLÉGUÉS DES SOCIÉTÉS ANGLAISE ET AMÉRICAINE, A PARIS.
10 FÉVRIER 1840.

Messieurs,

M. Odilon Barrot vient de porter un toast aux hommes : permettez-moi, au nom de la société française, d'en porter un aux principes :

A l'abolition de l'esclavage sur tout l'univers ! Qu'aucune créature de Dieu ne soit plus la propriété d'une autre créature, mais n'appartienne qu'à la loi !

Messieurs, ce fut un grand jour dans les annales des assemblées politiques, un beau jour devant Dieu et devant les hommes, un jour qui effaça de la surface de la terre bien des taches d'infamie et de sang, que celui où le parlement anglais, qu'animait encore l'âme de Wilberforce et de Canning, jeta cinq cents millions à ces colons pour racheter trois cent mille esclaves, et avec eux la dignité du nom d'homme et la moralité dans les lois.

Nous admirions dans notre enfance le dévouement de ces apôtres, de ces missionnaires chrétiens qui allaient racheter un à un quelques captifs dans les régences barbaresques, avec les aumônes de quelques fidèles; eh bien, voilà que ce qui se faisait individuellement, exceptionnellement il y a un demi-siècle, se fait aujourd'hui en grand, par une nation tout entière, aux acclamations des deux mondes. La France, en 1789, n'avait fait que des citoyens; l'Angleterre, en 1833, fait des hommes. L'égalité politique ne suffit plus à l'humanité; il lui faut l'égalité sociale. Ce seul fait, Messieurs, répond aux accusations contre notre temps. Non, il n'a pas reculé, le siècle témoin de pareilles entreprises! L'acte d'émancipation de 1833 et les cinq cents millions votés pour le rachat des esclaves brilleront dans l'histoire de l'humanité, et attesteront au monde que les grandes inspirations de Dieu descendent aussi sur les corps politiques, et que la civilisation perfectionnée est une révélation qui a sa foi et une religion qui a ses miracles.

C'est la même pensée, Messieurs, qui nous réunit dans cette enceinte, des trois parties du monde, pour nous entendre, nous éclairer, nous encourager dans l'œuvre que le siècle élabore et que nous voulons l'aider à accomplir. Mais, Messieurs, ne nous le dissimulons pas : quand une idée fausse est devenue un intérêt, on ne l'exproprie pas sans lutte. Un vice social a toujours un sophisme à son service. Le sophisme se défend par toutes ses armes. La calomnie des intentions est le moyen le plus sûr de décréditer les saintes entreprises. Nous en sommes les exemples ; mais notre cause en deviendra-t-elle victime? Non, regardons la calomnie en face; nous ne la ferons pas rougir, mais nous la ferons mentir : ce n'est qu'ainsi qu'on la confond.

Tout le monde, Messieurs, a été calomnié dans cette cause : les Anglais, les colons, les esclaves et nous.

Oui, l'Angleterre a été calomniée indignement, et calomniée pour sa vertu même. N'avons-nous pas entendu mille fois, depuis vingt-cinq ans, répéter et dans les journaux, et dans les livres, et récemment à la tribune, que les généreux efforts de l'Angleterre contre la traite des nègres, que les cinq cents millions donnés par elle en échange de l'émancipation, n'étaient qu'un piége infâme, recouvert d'une philanthropie perfide, pour perdre ses propres colonies, auxquelles elle ne tenait plus, et pour forcer ainsi, par l'imitation, à anéantir les nôtres, qui lui portaient ombrage? Oui, cela a été dit, cela a été cru. L'absurde est infini dans ses inventions, comme la sottise est infinie dans sa crédulité. Oui, cela a été dit tout haut à la tribune d'une nation qui s'appelle la nation de l'intelligence, et cela n'a pas été étouffé sous les murmures de l'indignation nationale! O généreux esprits des Wilberforce, des Pitt, des Fox, des Canning, dont je vois les noms inscrits sur ces drapeaux et rayonnants sur cette fête! vous ne vous doutiez pas, pendant que vous tramiez cette conjuration évangélique, pendant que vous répandiez dans les trois royaumes et dans l'univers cette *sainte agitation* de la conscience du genre humain, pendant que vous arrosiez de votre sueur et de vos larmes ces tribunes, nouveaux champs de bataille où vous livriez les combats de la philanthropie, de la religion et de la raison persécutées; vous ne vous doutiez pas que vous n'aviez que du fiel, de la haine et de la perfidie dans le cœur; que vous n'étiez que les hypocrites de la réhabilitation humaine, et qu'au fond vous n'aviez que le dessein, aussi pervers qu'insensé, de faire massacrer des millions d'Anglais par leurs esclaves, pour consumer les trois ou quatre petites colonies françaises dans l'immense incendie qui dévorerait vos vastes établissements et vos innombrables concitoyens !

Demandons pardon à Dieu et au temps d'avoir entendu de pareilles aberrations.

Les colons n'ont pas été moins calomniés. On a vu en eux des oppresseurs et des tyrans volontaires. Ils ne sont que des maîtres malheureux gémissant eux-mêmes sur la funeste nature de propriété que la civilisation leur a infligée.

Les esclaves ont été calomniés et le sont tous les jours encore. On les peint comme des brutes pour s'excuser de n'en pas faire des hommes.

Mais nous-mêmes, Messieurs, quelles injurieuses imputations n'avons-nous pas eues à subir ! On nous a demandé de quel droit nous nous immiscions entre le colon et l'esclave. Messieurs, du droit qui nous a faits libres nous-mêmes ! La justice nous appartient-elle ? pouvons-nous en faire une concession à qui que ce soit ! Non ! toute idée de justice et de vérité inspirée par Dieu à l'homme lui impose des devoirs en proportion avec ses lumières. Les droits du genre humain sont comme les vêtements du Samaritain dépouillé sur sa route ; il faut les rapporter pièce à pièce à leur maître, à mesure qu'on les retrouve, sans quoi on participe aux bles-

3.

sures que l'humanité a reçues et aux larcins qu'on lui a faits.

Que n'a-t-on pas dit, que n'a-t-on pas pensé de nous! Nous sommes des révolutionnaires, la pire espèce des révolutionnaires, des révolutionnaires sans péril, des lâches qui, n'ayant rien à perdre, ni fortune ni vie dans les colonies, voulons y mettre le feu pour l'honneur abstrait d'un principe, et, qui sait? peut-être aussi pour la vanité cruelle d'une insatiable popularité! Si cela était vrai, nous serions les derniers des hommes; car nous prendrions le nom de Dieu et de l'humanité en vain, et nous ferions de la civilisation et de la liberté le plus infâme des trafics, aux dépens de la fortune et de la vie de nos concitoyens des colonies, et au profit de nos détestables amours-propres.

Mais cela est-il vrai? Cela a-t-il le moindre fondement, et dans nos intentions et dans les faits? Écoutez et jugez: ce sont nos doctrines, ce sont nos actes qui répondent. M. Odilon Barrot vous disait à l'instant même que cette question était sortie du domaine des théories pour entrer dans la pratique. Cela est vrai, et, en y entrant, elle a pris ces conditions de mesure et de justice sans lesquelles il n'y a pas de vérité ni d'application. Nous procédons par la lumière, par la conviction et par la loi; nous voulons la liberté, mais nous ne la voulons qu'aux conditions de la justice et du travail dans nos colonies. Une émancipation injuste, c'est remplacer une iniquité par une autre. Une liberté désordonnée et sans conditions de travail, c'est remplacer une oppression par une autre; c'est fonder la tyrannie des noirs à la place de l'empire des blancs; c'est l'anéantissement de nos colonies. Que disons-nous? le voici :

Émancipation et indemnité; nous y ajoutons : initiation.

Indemnité aux colons; Messieurs, que ce mot n'effraye pas les hommes qui voient tout de suite s'ouvrir un abîme dans nos budgets et qui soumettent toujours l'homme au chiffre, au lieu de soumettre le chiffre à l'homme.

Indemnité, comme je l'entends, n'a rien d'énorme, rien d'immédiatement exorbitant; le pays même ne la sentirait pas.

En deux mots, voici comme je raisonne, et cette pensée, portée par moi il y a quatre ans à la tribune de la Chambre, a été accueillie comme une solution pratique de la question qui pèse sur les esprits.

Trois classes d'intéressés profiteront de l'émancipation : l'État, les colons, les esclaves. L'État y recouvre la moralité dans les lois et le principe inappréciable de l'égalité des races et des hommes devant Dieu.

Le colon y gagne une propriété honnête, morale; une propriété de droit commun, investie des mêmes garanties que les nôtres, au lieu de cette propriété funeste, incertaine, explosible, toujours menaçante, dont il ne peut jouir un moment avec sécurité; propriété humaine qui déshonore, qui démoralise celui qui la possède autant que celui qui la subit. Le lendemain de l'acte d'émancipation, vos capitaux coloniaux vaudront le double.

Enfin l'esclave, vous savez ce qu'il y gagne : le titre et les droits de créature de Dieu; la liberté, la propriété, la famille; son avénement enfin et l'avénement de ses enfants à l'humanité.

Eh bien, répartissez entre ces trois classes d'intérêts le poids de l'indemnité, faites payer proportionnellement à l'État, au colon et à l'esclave le prix des avantages qu'ils recouvrent, et l'humanité est restaurée.

Voilà jusqu'à quel point, Messieurs, nous sommes des tribuns d'esclaves, des spoliateurs des colons, des incendiaires du pays! Que le pays juge! Il jugera, et la France, qui n'a jamais reculé, la France, qui n'a pas craint de remuer le monde et de verser son or et son sang par torrents pour la liberté politique, ne craindra pas de donner quelques millions pendant dix ans pour racheter une race d'hommes, et avec ces hommes sa propre satisfaction.

Vous, Messieurs, que l'Angleterre envoie à ce pacifique congrès de l'émancipation des races, allez redire à l'Amérique et à l'Angleterre ce que vous avez vu, ce que vous avez entendu. La France est prête à accomplir sa part de l'œuvre de régénération dont elle a donné le signal au monde, et dont vous avez eu l'honneur de lui donner le plus noble exemple. Avant trois ans, il n'y aura plus un seul esclave dans les deux pays; que dis-je? il n'y en a plus déjà dans nos pensées : le principe est voté par acclamations sur toute terre où l'Évangile a écrit les droits de l'âme au-dessus des droits de citoyen. Nous ne délibérons plus que sur le mode et l'accomplissement.

Messieurs, c'est à l'union des deux peuples que nous devons ce jour de bénédiction dans les trois mondes; resserrons cette alliance dans les liens de cette fraternité européenne dont vous êtes les missionnaires près de nous. Une politique mesquine et jalouse, une politique qui voudrait rétrécir le monde pour que personne n'y eût de place que nous, une politique qui prend pour inspiration les vieilles antipathies qui rappellent l'Orient et l'Occident l'un vers l'autre ; cette politique, Messieurs, s'efforce en vain de briser ou de relâcher, par des tiraillements pénibles, les relations qui unissent l'Angleterre et la France. L'Angleterre et la France resteront unies; nous sommes à nous deux le piédestal des droits du genre humain. La liberté du monde a un pied sur le sol britannique, un pied sur le sol français; la liberté, la civilisation pacifique, s'écrouleraient une seconde fois dans les flots de sang, si nous nous séparions. Nous ne nous séparerons pas; cette réunion en est le garant.

Quand les mêmes pensées se communiquent, se pénètrent ainsi à travers les langues, les intérêts, les distances; quand les âmes de deux grands peuples sont d'intelligence par l'élite de leurs citoyens, et commencent à comprendre la mission de liberté, de civilisation, de développement que la Providence leur assigne en commun; quand cette intelligence, cette harmonie, cet accord, reposent sur la base de principes éternels aussi hauts que Dieu qui les inspire, aussi impérissables que la nature, ces peuples échappent, par la nature de leurs instincts, par l'énergie de leur attraction, aux dissidences qui voudraient en vain les désunir. Leur amitié, leur sympathie, se rejoignent dans une sphère de pensées et de sentiments où les dissentiments politiques ne sauraient les atteindre, et c'est le cas de leur appliquer ce mot sublime de l'Évangile, devenu le mot de la liberté : « Ce que Dieu a uni, les hommes ne le sépareront pas. »

Eh! quoi donc? les idées ne sont-elles pas le premier des intérêts?

Quand Washington et Lafayette, quand Bailly et Franklin se firent un signe à travers l'Atlantique, l'indépendance de l'Amérique, quoique contestée par les cabinets, fut reconnue d'avance par les nations. Quand les esprits libéraux de l'Angleterre et de la France se tendirent la main, malgré Napoléon et la coalition, c'était en vain que les flottes et les armées combattaient encore ; les nations étaient réconciliées. Les plénipotentiaires des peuples, ce sont leurs grands hommes; les vraies alliances, ce sont les idées. Les intérêts ont une patrie ; les idées n'en ont point ! Et si quelque chose peut consoler les hommes politiques d'avoir à toucher si souvent à ces intérêts fugitifs, précaires, qui passent avec le jour et emportent avec lui les passions mobiles qui nous y attachent, c'est de toucher de temps en temps à ces idées impérissables qui sont aux vils intérêts d'ici-bas ce que les monnaies qui servent aux vils trafics du jour sont à ces médailles que les générations transmettent aux générations, marquées au coin de Dieu et de l'éternité.

IV

BANQUET DONNÉ À PARIS POUR L'ABOLITION DE L'ESCLAVAGE,
10 MARS 1842.

Messieurs,

En écoutant les pieuses et ardentes paroles de M. Scroble, ces paroles pénétrées de la chaleur d'un zèle tellement divin, qu'elles se faisaient jour jusqu'à vos cœurs à travers la diversité des langues; en applaudissant comme vous à ces appels au sentiment de la liberté pour tous, caractère national de la France depuis qu'elle a conquis, il y a un demi-siècle, la liberté pour elle-même, et à ces invocations à l'extension de l'influence française par tout l'univers, pour que cette influence se sanctifiât par l'abolition universelle du honteux commerce des esclaves, j'éprouvais à la fois un double sentiment, un sentiment de joie, un sentiment de tristesse ; oui, je me réjouissais en moi-même de voir ici réunis et fraternisant des hommes de langues, de patries, d'origines, d'opinions diverses, qui, poussés par le seul désir du bien, ont quitté leur maison et leur pays, ont traversé la mer pour venir combiner leurs efforts en faveur d'une cause qui ne touche ni eux, ni leur famille, ni leurs enfants, ni même leur concitoyens ; et se consacrer à la régénération d'une race d'hommes qu'ils ne connaissent pas, qu'ils n'ont jamais vus, qu'ils ne verront jamais, dont les bénédictions les suivront sans doute un jour dons le ciel, mais dont la reconnaissance ne les atteindra jamais ici-bas ! C'est là du désintéressement dans ce siècle qu'on accuse d'égoïsme, mais c'est un désintéressement commandé par l'amour des hommes et payé par Dieu.

Et, en même temps, Messieurs, je ne pouvais que m'attrister en pensant que ces sublimes manifestations de la charité pour le genre humain, qui nous réchauffaient ici de toute leur foi, et d'une foi si vraie, si éloquente dans la bouche de M. Scroble et de ses associés, ne retentissaient pas hors de cette enceinte ; mais qu'au contraire vous ne seriez pas encore sortis de cette réunion, ces paroles que vous entendez ne seraient pas encore refroidies dans vos cœurs, que déjà les interpellations malveillantes, les insinuations odieuses, les clameurs intéressées, s'empareraient de l'acte, des hommes, des discours, et jetteraient sur tout cela les fausses couleurs, les travestissements et le ridicule, ce premier supplice de toute vérité; il faut s'y attendre et il faut les braver. La vérité sociale, religieuse, politique, serait facile à suivre et trop belle à embrasser s'il n'y avait pas entre elle et nous la main intéressée de la routine et les pointes acérées de la calomnie!

Que dira-t-on de nous, Messieurs? Deux choses : qu'en poussant les esprits à la solution de la question de l'esclavage dans nos colonies, nous sommes des révolutionnaires, et qu'en voulant les efforts combinés de tous les peuples civilisés pour l'abolition de la traite, nous ne sommes plus assez patriotes; répondons.

Nous sommes des révolutionnaires; vous voyez comment! Vous venez d'entendre ces paroles prudentes, mesurées, irréprochables, de l'orateur auquel je réponds, vous avez entendu ce matin celles de M. le duc de Broglie, de M. Passy, de M. Barrot, ces paroles qui tomberaient d'ici entre le maître et l'esclave sans faire rejaillir de leur cœur autre chose que la justice, la miséricorde et la résignation; nos réunions n'en ont jamais eu d'autres. Moi-même je l'ai dit : nous ne sommes pas, nous ne voulons pas être des tribuns d'humanité, des agitateurs de philanthropie, et lancer d'ici, où nous sommes en sûreté, où nous vivons à l'abri des lois et de la force publique, lancer dans nos colonies je ne sais quels principes absolus chargés de désordres, de ruines et de catastrophes, pour y faire explosion à tout risque, et emporter à la fois les colons, les maîtres et les esclaves : non, ce serait là un crime et une lâcheté ; car, pendant que nous recueillerions des applaudissements sans périls dans des banquets comme celui-ci, ou sur le marbre retentissant de quelques tribunes, nous exposerions nos frères, nos concitoyens des colonies, premier objet de nos devoirs et de notre affection !

Que voulons-nous donc ? Ce qu'on vient de vous dire, et par des bouches qui ajoutent autorité aux paroles : non pas faire, mais prévenir une révolution ; restaurer un principe et conserver notre société coloniale. Nous voulons introduire graduellement, lentement, prudemment, le noir dans la jouissance des bienfaits de l'humanité auxquels nous le convions, sous la tutelle de la mère patrie, comme un enfant pour la compléter, et non pas comme un sauvage pour la ravager ! Nous le voulons aux conditions indispensables d'indemnité aux colons, d'initiation graduée pour les esclaves ; nous voulons que l'avénement des noirs à la liberté soit un passage progressif et sûr d'un ordre à un autre ordre, et non pas un abîme où tout s'engloutisse, colons et noirs, propriétés, travail et colonies ! Voilà, Messieurs, qnels révolutionnaires nous sommes ! Nous disons aux colons : Ne craignez rien, notre justice et notre force sont là pour vous garantir vos biens et votre sécurité. Nous disons aux esclaves : N'essayez pas de rien conquérir par d'autres voies que par le sentiment public ; vous n'aurez de liberté que celle que nous vous aurons préparée, que celle qui s'associera avec le bon ordre et avec le travail ! Si vous appelez cela révolution, oui, nous sommes révolutionnaires ; révolutionnaires comme l'ordre ! révolutionnaires comme la loi ! révolutionnaires comme la religion ! révolutionnaires comme Fénelon, comme Franklin, comme Fox, comme Canning, comme O'Connell, comme les ministres les plus conservateurs de la Grande-Bretagne ! comme tous ces grands hommes de tribune et tous ces grands hommes d'État qui, trouvant une vérité sociale arrivée à l'état d'évidence et de sentiment dans un peuple, la prennent hardiment dans la main des philosophes pour la mettre sans périls dans la main du législateur, dans le domaine des faits. Dieu nous donne beaucoup de révolutionnaires de cette espèce, les révolutions subversives attendront longtemps !

Nous suscitons, nous fomentons, dites-vous, des espérances parmi les noirs? Voyez quel crime! Vous ne savez donc pas que le seul supplice que Dieu n'ait pas permis à l'homme d'imposer pour toujours à son semblable, c'est le désespoir! Vous ne savez donc pas que rien ne rend patient comme une espérance, et qu'il n'y a pas de baïonnettes, pas d'escadres, pas de prisons, pas de menottes qui puissent valoir, pour maintenir les noirs dans le devoir et dans le calme, la certitude que la mère patrie, que le gouvernement s'occupe sérieusement de leur sort, et le rayon d'espérance qui va d'ici même briller sur leurs dernières heures de servitude et leur montrer de loin la famille et la liberté.

Voilà quant au premier reproche.

Et maintenant, est-il vrai que nous soyons moins patriotes, parce que nous voulons donner une patrie à toute une race d'hommes proscrits et sans place au soleil? Est-il vrai que nous soyons moins patriotes que ceux qui, en se félicitant d'avoir tous les biens de la vie civile, ne veulent pas que d'autres les possèdent? Est-ce que l'héritage des enfants de Dieu sur la terre ressemble à cet héritage borné du père de famille, où les fils ont une part d'autant moins large qu'ils en donnent une part plus grande à leurs frères? Non, vous le savez bien : le domaine du Père commun des hommes est sans bornes; il s'étend avec la civilisation et avec le travail à mesure que des races nouvelles se présentent pour le cultiver; c'est l'infini en espace, en droits, en facultés, en développements; c'est le champ de Dieu. Celui qui le borne et qui dit aux autres : « Vous n'y entrerez pas, » celui-là n'empiète pas seulement sur l'homme, il empiète sur Dieu lui-même; il n'est pas seulement dur et cruel, il est blasphémateur et insensé.

Ne serait-il pas temps de s'entendre enfin sur ce qu'on appelle patriotisme, afin de ne pas nous renvoyer éternellement comme des injures des termes mal définis qui dénaturent nos pensées aux uns et aux autres, et qui sèment l'erreur et l'irritation entre les hommes et entre les peuples?

Le patriotisme est le premier sentiment, le premier devoir de l'homme que la nature attache à son pays avant tout, par-dessus tout, par tous les liens de la famille et de la nationalité, qui n'est que la famille élargie. Celui qui ne serait pas patriote ne serait pas un homme complet, ce serait un nomade. Pourquoi est-il si beau de mourir pour son pays? C'est que c'est mourir pour quelque chose de plus que soi-même, pour quelque chose de divin, pour la durée et la perpétuité de cette famille immortelle qui nous a engendrés, et de qui nous avons tout reçu !

Mais il y a deux patriotismes : il y en a un qui se compose de toutes les haines, de tous les préjugés, de toutes les grosses antipathies que les peuples abrutis par des gouvernements intéressés à les désunir nourrissent les uns contre les autres. Je déteste bien, je méprise bien, je hais bien les nations voisines et rivales de la mienne; donc je suis bien patriote ! Voilà l'axiome brutal de certains hommes d'aujourd'hui. Vous voyez que ce patriotisme coûte peu : il suffit d'ignorer, d'injurier et de haïr.

Il en est un autre qui se compose au contraire de toutes les vérités, de toutes les facultés, de tous les droits que les peuples ont en commun, et qui, en chérissant avant tout sa propre patrie, laisse déborder ses sympathies au delà des races, des langues, des frontières, et qui considère les nationalités diverses comme les unités partielles de cette grande unité générales dont les peuples divers ne sont que les rayons, mais dont la civilisation est le centre ! C'est le patriotisme des religions, c'est celui des philosophes, c'est celui des plus grands hommes d'État ; ce fut celui des hommes de 89, celui de vos pères, celui qui, par la contagion des idées, a conquis plus d'influence à notre pays que les armées mêmes de votre époque impériale, et qui les a mieux conservés. Oui, nos pères de 89 nous montrèrent, en

92, comment ceux qui osaient aimer les hommes savaient mourir pour leur patrie !

Eux aussi on les calomnia, on les injuria, on chercha à les livrer à la risée et à la colère du peuple! Eux aussi on les accusa d'être les dupes ou les complices des desseins machiavéliques de l'Angleterre pour perdre nos colonies en les régénérant : ils répondirent en montrant, en nommant leurs prétendus complices, dans le parlement et dans les associations britanniques. Et qui étaient donc, et qui sont donc ces prétendus conspirateurs contre la liberté, les droits, la sûreté de nos colonies? ces prétendus ennemis de la France, qui étaient-ils, Messieurs? précisément ceux qui, représentants de l'opposition en Angleterre, combattaient avec le plus de persévérance les pensées jalouses du gouvernement anglais contre nos alliés, contre l'Amérique, contre notre révolution, contre nous! C'était Wilberforce! c'était Shéridan! c'était lord Holland! c'était Fox! c'était le parti français! c'étaient les apôtres les plus passionnés de l'influence de votre liberté par tout l'univers! ces hommes qui s'écriaient en plein parlement que séparer la France et l'Angleterre ce serait mutiler la civilisation européenne ; ou qui disaient, comme Fox, comme O'Connell, que la France et l'Angleterre étaient à elles deux le piédestal de la liberté moderne, le piédesta dont la statue de l'humanité s'élèverait le plus haut dans l'histoire.

Voilà ces conspirateurs ; les nommer, c'est les absoudre !

On excite les susceptibilités justement irritables des deux pays après les froissements pénibles qui ont eu lieu récemment entre les deux politiques. M. Scroble vient de toucher ce point avec autant de loyauté que de délicatesse ; je l'en remercie. Je l'aurais évité ; mais il vaut autant s'expliquer tout haut et sans réticence. Oui, on alarme à tort le sentiment public à propos d'un traité dont l'heure était mal choisie, dont l'extension et les formes étaient mal calculées, mais dont la pensée, qui est la nôtre, ne peut pas être désertée par nous, et doit être honorée, selon moi, dans les intentions de ceux qui la poursuivent.

Quoi ! Messieurs, parce que sur des plages limitées, sur des points déterminés avec prudence, et sur des espaces de l'Océan que nous voulons définir et préciser avec toutes les garanties pour notre commerce, tous les respects pour notre honneur, ce drapeau s'unirait à celui de l'Europe civilisée tout entière pour réprimer un infâme commerce d'hommes, il y aurait dégradation pour notre pavillon ! Est-ce que la dignité du drapeau français consisterait à couvrir de l'inviolabilité du crime ces navires étrangers, ces entre-ponts, ces tombeaux flottants remplis de cargaisons humaines, au lieu de couvrir un grand et saint principe d'humanité et de liberté conquis au profit des hommes et au nom de Dieu? Ah! ce n'était pas ainsi qu'il comprenait l'honneur du pavillon naval de la France, l'orateur, homme d'État, qui, présidant ce jour-là l'Assemblée nationale, le salua pour la première fois du haut de la tribune : « Elles vogueront sur les mers, s'écria Mirabeau, les couleurs nationales de la France, et elles seront le signe de la sainte confraternité des amis de la liberté sur toute la terre. » Qu'aurait dit le grand prophète des destinées de la Révolution si on lui eût annoncé qu'à cinquante ans du jour où il proférait ces belles paroles on oserait revendiquer pour des corsaires américains, portugais ou dénationalisés, le droit de couvrir leurs crimes de l'inviolabilité du drapeau tricolore ? Il ne l'aurait pas cru! et il aurait eu raison ; la France ne le voudra pas !

Messieurs, encore une fois, bravons ces misérables glapissements d'un odieux intérêt qui se cache sous les honorables susceptibilités d'un sentiment national : ce sentiment s'apercevra bientôt à quelles honteuses combinaisons il sert de voile; le patriotisme secouera son manteau, et l'égoïsme intéressé rougira d'être reconnu dans toute sa nudité, dans toute sa faiblesse ! On vous a prononcé tout à l'heure un nom, le nom vénéré d'un homme qui passa par les mêmes épreuves que nous et qui en triompha ! car toute vérité a son calvaire, où il lui faut souffrir avant de triompher. Cet homme, c'est l'apôtre de l'abolition du commerce des noirs, c'est Wilberforce !

Lui aussi, lui surtout, il lutta pendant quarante ans pour la réhabilitation de toute une race proscrite, et il lutta avec cette fixité de but, cette sérénité de volonté qui n'appartiennent qu'aux hommes qui se dévouent à une idée, parce qu'une idée étant une chose qui ne meurt pas, une chose éternelle, participe, pour ainsi dire, de la patience de celui qui vit et qui dure éternellement : de Dieu ! Lui aussi, les hommes qui s'appelaient de son temps les hommes pratiques livrèrent souvent ses intentions, sa conscience, à la dérision des politiques de la Grande-Bretagne.

Eh bien, il ne désespéra pas, et il y eut un jour, un grand jour dans sa vie, un jour pour lequel il sembla avoir vécu tout le nombre de ses longues années ; ce fut le jour où le parlement de son pays vota l'acte d'émancipation ! Le 28 juillet 1828, Wilberforce vivait encore ; mais, comme s'il eût attendu le salaire de sa vie avant de la quitter, il touchait à sa dernière heure quand ses amis vinrent lui annoncer que l'acte libérateur était voté, et que son idée à lui, son idée bafouée, calomniée, injuriée, déchirée comme le vêtement du martyr pendant un demi-siècle, était devenue une loi de son pays, et bientôt serait infailliblement une loi de l'humanité ! Le saint vieillard, absorbé déjà dans les pensées éternelles, et qui depuis longtemps n'avait pas proféré une parole, parut se ranimer comme une flamme remuée sous la cendre ; il joignit ses mains amaigries par la vieillesse et consumées par le zèle, il les éleva vers le ciel, d'où lui était venu le courage et d'où lui venait enfin la victoire ; il bénit Dieu; il s'écria comme l'auteur des choses : « Ce que j'ai fait est bien ! Je meurs content. » Et son esprit monta peu d'instants après dans l'éternité, emportant avec lui devant Dieu les chaînes brisées d'un million d'hommes !

Messieurs, ayons toujours devant les yeux cet exemple de la patience triomphant des injustices et des préjugés du temps, et demandons à Dieu qu'un demi-siècle de travaux et de calomnies nous mérite un pareil jour.

Je demande à porter à mon tour un toast analogue aux sentiments qui nous unissent tous. Messieurs, à l'unité des peuples, à l'unité des idées, par les religions, par les moyens de communication intellectuelle, les langues ; par les moyens de communication matérielle, les chemins de fer ; à l'unité qui centuple les forces du genre humain par la puissance de l'association, et qui prépare l'unité divine, c'est-à-dire la confraternité de toutes les races et de tous les hommes!

FIN.

COLLECTION MICHEL LÉVY

VOLUMES PARUS ET A PARAITRE
Format grand in-18, à 1 franc

A. DE LAMARTINE vol.
Les Confidences...... 1
Nouvelles Confidences.. 1
Toussaint Louverture.. 1

THÉOPHILE GAUTIER
Beaux-Arts en Europe. 2
Constantinople...... 1
L'Art moderne....... 1
Les Grotesques....... 1

GEORGE SAND
Hist. de ma Vie, t. I à VI 6
Mauprat............. 1
Valentine........... 1
Indiana............. 1
Jeanne.............. 1
La Mare au Diable... 1
La petite Fadette.... 1
François le Champi... 1
Teverino............ 1
Consuelo............ 3
Comtesse de Rudolstadt. 2
André............... 1
Horace.............. 1
Jacques............. 1

GÉRARD DE NERVAL
La Bohème galante... 1
Le Marquis de Fayolle.. 1
Les Filles du Feu..... 1

EUGÈNE SCRIBE
Théâtre, tomes I à XIII. 13
Nouvelles........... 1
Historiettes et Proverbes 1
Piquillo Alliaga..... 2

HENRY MURGER
Le dernier Rendez-Vous 1
Le Pays Latin........ 1
Scènes de Campagne.. 1

CUVILLIER-FLEURY
Voyages et Voyageurs.. 1

Mme BEECHER STOWE
Traduction E. Forcade.
Souvenirs heureux..... 2

ALPHONSE KARR
Les Femmes.......... 1
Agathe et Cécile..... 1
Prom. hors de mon Jard. 1
Sous les Tilleuls..... 1
Sous les Orangers..... 1
Les Fleurs........... 1
Voyage autour de mon Jardin............ 1
Une Poignée de Vérités. 1

CH. NODIER (Traduct.)
Le Vicaire de Wakefield. 1

LOUIS REYBAUD
Jérôme Paturot....... 1
Dern. des Com.-Voyag. 1
Le Coq du Clocher.... 1
L'Industrie en Europe. 1

Mme É. DE GIRARDIN vol.
Marguerite.......... 1
Nouvelles........... 1
Le Vicomte de Launay. 3
Le Marquis de Pontanges 1
Poésies complètes.... 1
Contes d'une vieille Fille 1

ÉMILE AUGIER
Poésies complètes.... 1

F. PONSARD
Études antiques...... 1

PAUL MEURICE
Scènes du Foyer..... 1
Les Tyrans de Village.. 1

CHARLES DE BERNARD
Le Nœud gordien..... 1
Gerfaut............. 1
Un Homme sérieux... 1
Les Ailes d'Icare.... 1
Gentilhomme campagn. 2

HOFFMANN
Traduction Champfleury.
Contes posthumes.... 1

ALEX. DUMAS FILS
Aventures de 4 Femmes. 1
La Vie à vingt ans.... 1
Antonine............ 1
La Dame aux Camélias. 1

JULES LECOMTE
Le Poignard de Cristal. 1

X. MARMIER
Au bord de la Newa... 1

J. AUTRAN
La Vie rurale........ 1

FRANCIS WEY
Les Anglais chez eux.. 1

PAUL DE MUSSET
La Bavolette........ 1
Puylaurens.......... 1

EDMOND TEXIER
Amour et Finance.... 1

ACHIM D'ARNIM
Traduct. Th. Gautier fils.
Contes bizarres...... 1

ARSÈNE HOUSSAYE
Femmes comme elles sont 1

LE GÉNÉRAL DAUMAS
Le grand Désert...... 1

H. BLAZE DE BURY
Musiciens contemporains 1

OCTAVE DIDIER
Madame Georges..... 1

FÉLIX MORNAND
La Vie arabe........ 1

ÉMILE SOUVESTRE vol.
Philosophe sous les toits 1
Confessions d'un Ouvrier 1
Au coin du Feu...... 1
Scènes de la Vie intime. 1
Chroniques de la Mer.. 1
Dans la Prairie...... 1
Les Clairières....... 1
Scènes de la Chouannerie 1
Les derniers Paysans.. 1
Souvenirs d'un Vieillard. 1
Sur la Pelouse...... 1
Les Soirées de Mendon. 1
Scènes et Récits des Alpes 1
La Goutte d'eau..... 1

LÉON GOZLAN
Les Châteaux de France 2
Le Notaire de Chantilly. 1
Polydore Marasquin... 1
Nuits du Père-Lachaise. 1
Le Dragon rouge..... 1

ADOLPHE ADAM
Souvenirs d'un Musicien 1

THÉOPHILE LAVALLÉE
Histoire de Paris..... 2

EDGAR POE
Traduct. Ch. Baudelaire.
Histoires extraordinaires 1
Nouv. Hist. extraordin. 1

A. VACQUERIE
Profils et Grimaces... 1

CHARLES BARBARA
Histoires émouvantes.. 1

A. DE PONTMARTIN
Contes et Nouvelles... 1
Mémoires d'un Notaire. 1
La fin du Procès..... 1
Contes d'un Planteur de choux............. 1
Pourquoi je reste à la Campagne.......... 1

HENRI CONSCIENCE
Traduct. Léon Wocquier.
Scèn. de la Vie flamande 2
Le Fléau du Village... 1
Les Heures du soir.... 1
Les Veillées flamandes. 2
Le Démon de l'Argent.. 1

DE STENDHAL (H. Beyle)
De l'Amour.......... 1
Le Rouge et le Noir.. 1
La Chartreuse de Parme. 1

MAX RADIGUET
Souv. de l'Amér. espagn. 1

PAUL FÉVAL
Le Tueur de Tigres... 1
Les Anges du Foyer... 1

MÉRY vol.
Les Nuits anglaises... 1
Une Histoire de Famille. 1
André Chénier....... 1
Salons et Souterrains de Paris............ 1

LOUIS DE CARNÉ
Drame sous la Terreur. 1

CHAMPFLEURY
Les Excentriques..... 1
Premiers Beaux Jours.. 1

JULES DE LA MADELÈNE
Les Ames en peine.... 1

H. B. RÉVOIL (Traducteur)
Harems du Nouv.-Monde 1

ROGER DE BEAUVOIR
Chevalier de St.-Georges 1
Aventurières et Courtisanes............ 1
Histoires cavalières... 1

GUSTAVE D'ALAUX
L'empereur Soulouque et son Empire...... 1

F. VICTOR HUGO (Traduct.)
Sonnets de Shakespeare 1

ÉMILE CARREY
Huit jours sous l'Équateur 1
Les Révoltés du Para.. 2

E. FROMENTIN
Un Été dans le Sahara.. 1

XAVIER EYMA
Les Peaux-Noires..... 1

LA COMTESSE DASH
Les Bals masqués..... 1
Le Jeu de la Reine.... 1

HILDEBRAND
Traduct. Léon Wocquier.
Scèn. de la Vie holland.. 1

AMÉDÉE ACHARD
Parisiennes et Provinciales............. 1

CHARLES DE LA ROUNAT
La Comédie de l'Amour. 1

ALBÉRIC SECOND
A quoi tient l'Amour... 1

Mme BERTON (Née Samson)
Le Bonheur impossible. 1

NADAR
Quand j'étais Étudiant. 1

MARC FOURNIER
Le Monde et la Comédie. 1

JULES SANDEAU
Sacs et Parchemins... 1

PARIS. — IMP. DONDEY-DUPRÉ, RUE SAINT-LOUIS, 46.

www.ingramcontent.com/pod-product-compliance
Lightning Source LLC
Chambersburg PA
CBHW060649170426
43199CB00012B/1718